U0523179

李清照传

孔祥秋 —— 著

她有旷世的婉约才情
她有铁血的豪放风骨
她出身书香门第
她半生颠沛流离

心有山海，愿与岁月深爱

她即使身处晚年的孤苦伤痛
依然焕发出高贵洒脱的生命底色

经过风雨飘零，仍能与时光对饮，必是深爱着人间的。

孔学堂书局

图书在版编目（CIP）数据

李清照传 / 孔祥秋著. -- 贵阳 : 孔学堂书局,
2025. 3. -- ISBN 978-7-80770-547-5

Ⅰ. K825.6

中国国家版本馆CIP数据核字第20242LR746号

李清照传　　孔祥秋　著
LIQINGZHAO ZHUAN

责任编辑：张基强
封面设计：宋双成
责任印制：张　莹

出版发行　贵州日报当代融媒体集团
　　　　　孔学堂书局
地　　址　贵阳市乌当区大坡路26号
印　　刷　三河市天润建兴印务有限公司
开　　本　880mm×1230mm　1/32
字　　数　170千字
印　　张　9
版　　次　2025年3月第1版
印　　次　2025年3月第1次
书　　号　ISBN 978-7-80770-547-5
定　　价　48.00元

版权所有·翻印必究

目录

第一章　梅定妒，菊应羞

1. 庭院深深深几许 …………………………… 1
2. 细风吹雨弄轻阴 …………………………… 8
3. 海燕未来人斗草 …………………………… 15
4. 何必浅碧深红色 …………………………… 21

第二章　和羞走，倚门回首

1. 夜来沉醉卸妆迟 …………………………… 29
2. 多情自是多沾惹 …………………………… 36
3. 醒时空对烛花红 …………………………… 42
4. 倚楼无语理瑶琴 …………………………… 48

第三章　人悄悄，月依依

1. 柔肠一寸愁千缕 …………………… 55
2. 香脸半开娇旖旎 …………………… 62
3. 买得一枝春欲放 …………………… 68
4. 却对菱花淡淡妆 …………………… 75

第四章　一种相思，两处闲愁

1. 梧桐应恨夜来霜 …………………… 83
2. 独抱浓愁无好梦 …………………… 89
3. 探著南枝开遍未 …………………… 96
4. 蔷薇风细一帘香 …………………… 103

第五章　何须更忆，泽畔东篱

1. 花自飘零水自流 …………………… 111
2. 晚风庭院落梅初 …………………… 118
3. 花光月影宜相照 …………………… 124
4. 莫负东篱菊蕊黄 …………………… 131

目录

第六章　帘卷西风，人比黄花瘦

 1. 萧萧微雨闻孤馆 ………… 139

 2. 浓香吹尽有谁知 ………… 146

 3. 泪融残粉花钿重 ………… 153

 4. 背窗雪落炉烟直 ………… 159

第七章　秋已暮、红稀香少

 1. 车声辚辚马萧萧 ………… 167

 2. 熏透愁人千里梦 ………… 173

 3. 小风疏雨萧萧地 ………… 180

 4. 玉骨冰肌未肯枯 ………… 187

第八章　怎敌他、晚来风急

 1. 窗前谁种芭蕉树 ………… 195

 2. 断香残酒情怀恶 ………… 202

 3. 吹箫人去玉楼空 ………… 209

 4. 旧时天气旧时衣 ………… 216

第九章 这次第，怎一个愁字了得

1. 卧看残月上窗纱 …………223
2. 伤心枕上三更雨 …………230
3. 谁怜憔悴更凋零 …………236
4. 一江春浪醉醒中 …………243

第十章 连天衰草，望断归来路

1. 人道山长水又断 …………251
2. 归鸿声断残云碧 …………258
3. 江山留与后人愁 …………265
4. 风住尘香花已尽 …………272

第一章
梅定妒，菊应羞

1. 庭院深深深几许

　　许多的忘却，是欢乐的忘却；许多的忆起，是疼痛的忆起。欢乐，太容易蒸腾；疼痛，最容易沉积。

　　可我真的没有想到，那个给了我学生时代惊喜的，宋代大词人李清照，会是心头沉沉的惦念。我，一直渴望去探寻她历史深处的踪影。

　　宋代，千年远方的时光，说来那是盛世，但这个没有长城防御的王朝，时时遭受来自北方的袭扰，那绸缎的衣衫终究不是盔甲，岁月就难以享受安稳祥和，整个时代，也就透着富贵之中的脆弱，欢情之下的悲伤。就是这样一个富足但并不孔武有力的时代，却常常让人念想着。

一幕大宋的烟雨，一阕宋词的平仄，起起伏伏。

的确，对于宋朝的喜欢，大多是因为宋词，对于宋词的喜欢，有多少人是因为李清照呢？最初的她，是我心中的欢。

那年的菁菁校园，一首《如梦令》，让少年的心，有了柳烟、荷影，从此，那条不羁的小船，摇啊摇，一直欢快地飘荡着。

常记溪亭日暮，沉醉不知归路。兴尽晚回舟，误入藕花深处。争渡，争渡，惊起一滩鸥鹭。

——《如梦令》

斜阳的余晖里，这般疯狂嬉闹的样子，那定然是一位乡野少女。李清照，这千古第一才女，她，来自田园？

最初的我，也是有些惊讶的，可如此生动的辞章，不出自生活，又会出自哪里呢？

李清照的文字，似乎就是一根凌霄藤，一路花开，一路叶落，仿佛她一路曲曲折折的人生旅途。

第一章　梅定妒，菊应羞

最初的她，的确就是田野里一缕奔跑的风。那时，她在老家，那时，她在明水。

明水，好清澈的名字，是有水有花的一处田园小镇，在山东，在章丘。伫立在这里，就可以亲近波光云影，就可以亲近日月星辰。深宅小巷里，藏富也积贫；肥田寒土中，五谷次第而生，野树杂花参差相倚。

小镇，最丰盈的是水，一年四季泉水叮咚。那汩汩的水声，是清脆而欢快的，但可闻而不可见。那泉，在深深的庭院里。

那庭院，并不是古木参天的，也不是藤蔓遮蔽的，那是三进三出的院落。在这小镇，这是大户人家的深宅。传言明水有泉水水势旺盛，在三户人家的庭院的深处，因常人难以相见，为此，这三处泉水，就被人叫作"三不露"。

私家的院落，有这样鲜活的泉，生生不息地奔突着，定然运势不错。果然，有一泉的李家，就有人中了进士，仕途上，做到皇帝身边的高官；才情上，为大文豪苏轼赏识，并成为"苏门后四学士"之一。他曾写下无数诗文，怎奈大都散佚在时光里，好在还有《洛阳名园记》传下来，让今天的我们，感知他不俗的文采。他，就是李格非。

他，或许是李家权势的高峰，但却不是李家才情的高峰。

李清照，才是这个才情高峰，而且可以说是顶峰。她，正是李格非的女儿。

这样的一处泉水，这样的一处庭院，自从我读了李清照的词，就一直向往着。那年，我终于从老家出发，踏上了寻访这泉水、这宅院的路途。

其实，生我养我的这块地方，是不缺水的，白天，可以沐浴在大运河的波光中；夜里，可以筑梦在黄河的涛声里，更何况还有梁山泊古遗迹。但这些水，似乎太过于气势不凡，太过于刚猛，我想看一眼阡陌里的那一股清泉，诗词里的那一抹光影。

客运车，伴着黄河的激流声，一直向前的，弯弯绕绕，先是穿过一段长长的黄河堤，然后驶上了还算不怎么曲折的山路。那里，是一片丘陵，虽然并没有陡峭的山，但那起伏里，总感觉深藏着什么。

初近山路的那一段，有个小镇，叫作斑鸠店。这里，可有过一家以斑鸠为野味主打的铺面吗？几次路过，都不曾问过，也就不得而知。但这里，是唐朝名将程咬金的老家，这位凌烟阁里的功臣，也曾经为民而反，啸聚山林。而不远处的那片水域，梁山好汉阮氏三兄弟，曾在那里浪里来浪里去。再往前几步，是个叫作旧县的地方。称县，而非县，只是一

第一章　梅定妒，菊应羞

个小小的村落，房舍稀疏，人烟稀少。在这里，竟然有项羽的坟墓，实在让人诧异。

这霸王墓，传言其封土曾有百米方圆，十米多高，并有碑刻四方，汉柏数十株。只是这些大都已消散在岁月里，真相无处追寻。好在还有残碑半截，诉说着楚霸王的人生经历，斑斑驳驳，让人生叹：

楚霸□□，一剑亡秦力拔□，重瞳千载孰能攀？秋风蕉鹿行人憾，□寝於今草迹斑。

……

这字里行间残缺的文字，正像项羽残缺的人生。

楚霸王命断乌江，何以尸骨归于千里外的这片荒土？从这些文字里看，碑石为后人补立，这就让人对那段往事的猜测，更加烟雨迷离了。

看不透的历史，猜不透的岁月，那漫漶不清的，其实远远不是这些依稀难辨的文字。时光太久，也太深。

这里，隔了黄河的那岸，有曹植的墓。那墓，在那如土坷垃一样干涩的鱼山之上。那个七步成诗的才子，那个写下《洛神赋》的诗家"仙才"，却只能忧郁半生，寄附于无名的草丛，归依瘦寒的岭坡之中。

项羽、曹植，这一文一武，隔水长眠，着实让人唏嘘。世间多少英才，雄心破碎，大器竟成残器，魂游于荒山野岭，无所依托。

穿过这段山路，终于是平阔的地方了。再向前，就离那汪泉水很近了，那是一直让我非常激动的泉水。

都知道，泉城济南有天下七十二名泉，以趵突泉最负盛名。

是的，泉城更响亮许多，趵突泉更汹涌许多，这泉水，也曾孕育了南宋大词人辛弃疾。这客运车，的确要经过这里，但我说的，不是这泉水，那泉稍远一些，在前面一点。

那泉，叫作百脉泉，那泉，在章丘明水小镇。

是的，那正是李格非的百脉泉，那正是李清照的百脉泉。

这一路，正是少女时代的李清照，当年向西南走向汴梁城的路，今天，我逆向而行，去寻访她花香的童年。

百脉泉水的光影里，就是李清照的出生地。那年是宋神宗元丰七年（1084），那时，正是草长莺飞，婴儿清澈的哭声，如一朵花开的月明，喜气洋洋地弥漫了李家这深深的庭院。

这庭院，这北方的庭院，种槐树，种枣树，种得最普遍

第一章　梅定妒，菊应羞

的，则是石榴树。红红火火的五月，籽粒饱满的五月，都是吉祥。石榴，可活百年，恰与人同寿。一人一树，就似那生死相约。

芭蕉喜暖，爱湿润，北方是种不得的。竹子也不宜，种了，也是苦寒的样子，没了文雅和俊逸，所以，也就少有人种。似乎清代的郑板桥老爷子，却偏爱在山东种竹，一范县（今河南濮阳），一潍县（今山东潍坊），都种有竹子。而且老爷子笔下的墨竹，删繁就简，瘦骨而不瘦志节，倒也是另一种不俗。他，喜欢北方的竹子，有他一样瘦骨嶙峋的清廉。

李格非也是一个喜欢种竹子的人，官身清正，在各地州县多有美名。

李姓，草木之子，有灵气。"格非"这名，更是别具一格。其女儿李清照的名字，也是波光潋滟，格调远高于那些花花草草。

传说，李格非伫立在书房里，正独自思索，忽然，那泉水盈盈一闪，映亮了诗行一样的窗棂，他便灵光一闪，就将刚出生的女儿，唤作"清照"。

杨柳岸，莲荷间，让这样一个女子，临水照影，风姿绰约地款款向前，成为千古传奇。明水成名水，这水是她《漱玉词》词集的每一个页面里，若隐若现的清流。当一缕风吹来,那纸张哗啦啦地脆响,正是那明水之泉的喷涌,鲜活着,生动着,让后来的我们,迷恋地倾听着,沉醉着。

不老的泉水,不老的词。宋朝的女子,千古的她。

2. 细风吹雨弄轻阴

北方,不缺冷月长风,不缺寒山瘦木,那种粗腔大调震荡在辽阔的天地之间,处处都是紧锣密鼓的格调。这里,属于红高粱一样大骨节、紫脸膛的汉子,属于苦菜花一样朴实而坚韧的女子。

一方水土,也有诗词。那诗词,不是边塞的落日长风,就是黄河的浊浪排空,那种铿锵之声,直抒胸臆,震荡着山峰和原野。然而,古齐鲁之地,却别有洞天,是难得一见的波光潋滟。那里,一处泉水呼应着一处泉水,奔涌在这片古老的土地上。

有水就有灵气,星罗棋布的泉水,为此润泽了一群文艺灵魂。

趵突泉,让辛弃疾这位一心为国除"疾"的爱国诗人,一生奔突着不老的激情。醴泉,也在附近,这水,滋养了范

第一章　梅定妒，菊应羞

仲淹的青春，让他立身为范，成为完人。柳泉居士蒲松龄身边，一定也有泉水。一个"蒲"字，道出了依水而生的可能。蒲，虽然有兰草的形神，但终归是平凡的草中之物，也就注定了蒲松龄先生立身民间的命运：在柳荫里，泉水煮茶，说着鬼狐。好在著成了《聊斋志异》这样的奇书，让他有了松柏一样千古不朽的"寿龄"。

向南更远一些，更乡野一些，泗水县的泉林，也是泉水汩汩，这，不仅仅是泗水的源头，也应该是《论语》的源头。孔子在这里临水而叹：

逝者如斯夫，不舍昼夜。

泉水汩汩的土地，波光盈盈的人心。

宋代女词人李清照的故乡，就在这片水脉之地的核心区域，或许正因为此，她能成为一个文艺奇才，临水照影，美如莲花。

关于这位婉约派词宗，还有人纠结她是济南历城人，还是章丘明水人，这实在太不应该。

说她是济南历城人，并不为错。说她是章丘明水人，是更具体的细说。这两个地方，旧时都属于齐州，齐州的治所，就在历城。宋徽宗政和六年（1116），齐州升为济南府，章丘依然是济南府的属地。

李清照，就在北方这片难得的百脉泉边，蹒跚起步，开始了花草丰茂的童年。小小的她，听蝉歌，听蛙鸣，也时常逗弄蒲公英花上的蝴蝶。

泉声如歌，水影如梦，小小的李清照，像一枚刚刚冒出水面的初荷，在父母的宠爱里，无忧无虑，素色淡香，懵懂而欢实。

纵观李清照一生的诗文，对于孩提时的忆念，都似清水无尘，是一片纯纯净净的快乐。也许，是她自己真的不曾记得，也许，在她得知了真相的时候，已经年老，早已看淡了一切，为此就故意回避她自己不肯相信的伤痕。

那是她的劫数，更是母亲王氏的劫数。

在李清照很小的时候，似乎只半岁大的样子，她的母亲因产后病卧倒在了床上，日渐消瘦，任李格非遍请名医，她的脉搏，还是越来越弱。不管这位母亲多么悲痛和不舍，她的双手，再也无力托举起自己的孩子。

母亲的目光，到死也是两汪泉水，盈盈而闪烁，看着自己身边那小小的婴儿。母亲撒手而去，小小的李清照大声地哭闹着，那不是失去亲情的疼痛，只是小孩子的恐惧而已。

第一章　梅定妒，菊应羞

她，还什么也不懂。

她，终又被一双温柔的手抱了起来。这是父亲给她续娶的继母，又一个慈眉善目的女子。止住悲声的小清照，用模糊的泪眼望向身边的这个女子，她在发现这并不是自己母亲的时候，再次放声大哭起来。

但李清照的确太小，很快就忘却了这悲伤，其实，她远远还不知道什么叫悲伤。她，是王氏生，也是王氏养，童年就是一股叮咚向前的清流。失去母亲的大劫难，也只似她水样年华里，划过了一道波纹，悠然间又复归了原来的安然。

小小的她不曾记得，她的那位生母，那个带她来到人间的女子。

关于李清照的这位母亲，只有几个字的记载，可历史千年交错的光影里，还是依稀能看到她的衣袂，她实实在在地来过。她，也是王姓的女子。

四季更迭，生命交错，说不尽的是春欢秋悲，盛夏的狂歌，寒冬的沉寂。

有人说，将那个女子很快忘了的，还有李清照的父亲，他流下几滴眼泪，转身又娶了一个王姓的女子为妻。李格非也是一个无格的人。

这里，似乎正是这里，藏了李格非作为一个父亲的深爱。

也许他不想让李清照小小的心灵里，留下失去母亲的伤痕。如此，两个女子，正好可以无缝对接李清照的母爱，使她依然可以无忧无虑地成长。

许多的历史史料显示，李格非前后应该是有两位夫人的。

后人在发掘古墓时，见王珪的神道碑上有文："女，长适郓州教授李格非。"而在王拱辰坟中，发现有这样文字的记载："孙女三人，长适左奉议郎、校对秘书省黄本书籍李格非。"

由这些来一一推断，再加以更多的其他考证，李格非前妻应该为王珪的长女，续娶的妻子则是王拱辰的孙女。王珪，一代名相；王拱辰，也是北宋大臣，科举考试中力压欧阳修等人，成为当届状元。这样两位声名显赫的人物，他们身后关于儿孙的文字，自然是不会胡乱编写的。

这两位王姓的母亲，在李清照所有的诗文中，是没有过任何字句描述的。也许这疼痛，在她幼小的心灵上，只是昨夜的一场细雨，风记得，她不记得；星星记得，她不记得。

或许，正因了这隐隐的伤，家人们对李清照有了更多的宠爱和宽容，甚至是放纵，才任由她释放自己的天性。

说来或许还有一个原因，李清照出生的时候，李格非已近不惑之年，为此，对这个女儿，也就格外娇惯。

第一章　梅定妒，菊应羞

纵观天下的女子，在那光阴深处的旧时，谁能如李清照这般，可诗词，可纵酒；可野游，可赌博，甚至还有太多不寻常的举止，给人留下了说不清道不明的话柄。这是她的瑕疵，还是她不俗的个性？

一个名门闺秀，在岁月的行走里，似乎不应该那么横斜逸出。

真真实实的李清照，真的就像她的明水小镇，既都市，又乡野；既华贵，又泼辣。

明水，是她的故乡，也是她的灵魂，婉约有水，豪放有山。

李清照，是才貌双绝的女子，有人却纠结于她的"德"，且念念不忘，甚至诟病于此。很多人会拿她与东晋才女谢道韫相比，认为同样遭受国破家亡之灾，李清照缺少了那一尘不染的人生后半程。但不管怎么说，中国历史中的女子，有几个人活成了她的样子，而且是自己想要活出的样子？

这，就是一个奇迹，一个女子难得的壮举。那时，多少女子活得缩手缩脚。尤其是到了南宋的时候，更是被狠狠裹起了双脚，她们愈发站不稳了，走不远了，无奈地守着男人的眼神和心情，潦草一生，从来没有自己。

李清照这样的女子，是岁月远方中的难得一见的花开，是那男人主宰的世界里的一抹丽影。她,是秀色干涸的时代里一汪叮叮咚咚的泉水。

这身影,虽然美而惊艳,但在岁月的史册上,终究是挤占不了帝王将相的页码,提及她的文字,只是一闪而过。对于她的童年,更是不见只言片语,至于她有没有丧母之痛,只能在文献的边边角角,寻找到一点蛛丝马迹。今天的人们,也只是依了自己的情感,各自猜测着,判定着。

时光的烟尘太深,掩盖了诸多的真相,无法细细追寻,更是无法还原。就算李清照有过小时候那样的伤痛,毕竟人们的善良,也会有所隐瞒,所以,和风细雨的滋润里,她的童年是快乐的,快乐得像那一汪泉水,而她的文字,也就这泉水一样清新自然。至少在北宋时期的她,是这样描写那些摇曳的花朵、飘逸的云朵的。

泉水是她的灵魂,清风是她的影子,李清照在章丘明水小镇的原野里,恣意生长着……

3. 海燕未来人斗草

北宋，从某个层面上来说，挺有意思的。两大文化名人，在北宋的兴衰里，一前一后有着某种呼应。

词帝李煜，半阕词在江南，半阕词在江北；词后李清照，半阕词在江北，半阕词在江南。

词帝，在北宋的崛起里，有了筋骨的腔调；词后，在北宋的破碎里，有了血脉的咏唱。一个是南欢北悲，一个是北欢南悲。看来地理并不完全决定人的心性，家国兴衰，却往往更能激发人们的情怀。

李清照出生的时候，北宋的日子还算好，虽然稍呈黯淡之色，但依然山河宁静，岁月和畅，这也就使得她的童年格外自在，就似那泉水汩汩流淌，清澈而欢快。

每个人的童年，都是最清澈、最活泼的人生时光，但说起来还是各有区别的，简略地可分为在城和在野。那旧时光影里，城中孩子的童年，懂了些识见和规矩，少了些天马行空；而乡下孩子的童年，多了些随性和自在，少了些方正持重。

唐朝，对于女权可谓是一个放纵的高峰，这也就在政治和文艺的路途上，一个又一个女子闪亮登场，呈现出巾帼不让须眉的气概。也正是这种时代的气氛，让武则天成为女子的巅峰，并让天下男人折腰。她的女儿太平公主，不仅在情感上放任自流，在朝堂上也曾权倾朝野，横行无忌。而才女上官婉儿，也以笔为剑，登堂入室，被称为"女宰相"。再说身在乐籍的薛涛，可谓名轻位卑，就算这样，但因其有才华，曾被西川节度使韦皋上书，奏请皇帝批准其为校书郎，虽然最终没能如愿，但"女校书"也就成为薛涛的雅称。还有那女诗人鱼玄机，以才女之名，在道观藏纳淫邪之私，若不是惹出人命来，那世风也许会继续容忍她放荡下去。

唐朝，是不是有些在野的味道，尤其是在对待女子这方面。

再看宋代的女子，在政治舞台上是很少看到她们的身影的，那个被称为"有吕武之才，无吕武之恶"的刘娥，算是一个例外吧，但她也仅仅是垂帘听政，终究是没有走到前台。宋朝，少有政治上活跃的女子，在文艺方面也是凤毛麟角。南宋有个朱淑真，如此一个有才的女子，却无奈嫁给了一个不谙情怀的商人，不要说有什么淫邪之事，在情感上对最初的心上人，稍有思念的时候，就被世俗的恶言恶语逼到了跳湖自尽，最终和她心爱的诗词书卷一起，被投入大火之中焚为灰烬。她，落了一个如此水火不容的结局。还有个张玉娘，

第一章　梅定妒，菊应羞

原本有青梅竹马的那个他，都以为这是前世约定的好姻缘，谁知还是被活活拆散。那少年的病逝，让她整日郁郁寡欢，于梦中见到心上人，醒来悲痛欲绝，流泪道："郎舍我乎？"从此绝食，最终化蝶而去，成为"梁祝"般凄婉的悲歌。

宋代，对待女子多有束缚。

被称为"天下第一才女"的李清照，是宋朝的一个例外，这似乎和她"在城"也"在野"的心性有关。其实，刘娥也有这样的心性的，她出生于清贫人家，然后又一步一步走入朝堂，所以，刘娥和李清照成为政治和文艺上的两个例外。

什么样的季节，开什么样的花，什么样的环境，成就什么样的人，那些脱颖而出，能够逆势生长的，也就绝非俗流。

李清照出生的时候，李格非为郓州教授，因为他为官清廉，没有财力在当地购置或租赁宅院，也因为官场动荡，他依然将家眷安置在章丘明水。李清照就是在老家亲人的呵护下一天天长大的。

女红对于旧时的女子来说，不仅是一种日常技艺，更是一种德操，家长对于她们这方面的培养，那是非常上心的。每逢七夕节，宋时的女孩必将七彩丝线与针拿在手中，闭目合掌，满脸的真诚，祈愿织女能将各种女红才艺赐给她们。小小的李清照是站不住的，趁祖母一个不注意，早已经溜了出去。待母亲来追,她已经跑出了长长的小巷子。

周岁抓周的小清照,不抓胭脂,不抓花朵,却偏偏抓起一支笔。或许那些女孩子手上的针来线往,实在不在她的心上。祖母笑一笑,只能无奈地摇摇头。自古有才的女子,少有人生周全的,这种担忧也会闪过她的心头,可看着这位小孙女,拿着笔和捧着书时那认真专注的样子,她实在不想苛责孩子什么。

"儿孙自有儿孙福。"祖母释然了,弯腰收拾起小清照扔在地上的针线。

父亲李格非是她的笔,她一横一竖写着书案上的兰花香;母亲王氏是她的书,她一字一句倾听着窗影下的月光。李清照的童年的确是在文墨的香气里度过的,但更是赤脚在田埂上奔跑着长大的。

淡荡春光寒食天,玉炉沉水袅残烟。梦回山枕隐花钿。
海燕未来人斗草,江梅已过柳生绵。黄昏疏雨湿秋千。

——《浣溪沙·淡荡春光寒食天》

这首词大量描述清明景色,更在这梅落如雪、柳绵如烟里,衬以几个人叽叽喳喳地玩着斗草的游戏,实在是一幅快

第一章　梅定妒，菊应羞

乐的春天画卷。最后一句，则更妙，却似小女孩的叹息。或许是斗草斗累了吧，原本想荡荡秋千放松一下，可是却天公不作美，竟然下起了细雨，也只能轻轻地"唉"一声，遗憾地作罢。

斗草，为妇女儿童喜爱的一种古老游戏，早年为端午节的民俗，唐宋时期更加盛行，尤其是宋朝，不再拘泥于端午，日常里也常有三五人相聚，斗草为乐。斗草，大抵分两种，一为"武斗"，各采坚韧的野草，然后勾连在一起，两人拉扯，草断者为败。因为"武斗"有角力的成分，也渐渐为男人喜爱。"文斗"则是各采花草，并报出花草名，以多者为赢。这种方式极其文雅，更让女子偏爱。不过，以李清照那种天然的性体，想来她也会非常喜欢斗草的"武"，在拉拽之中，随着草丝的裂断，两个人怕是都要倒在地上，也都双双笑软在那里。

李清照是婉约词派的卓越代表，她的内心里，却深深蕴藏着那种不羁的豪放，尤其后来流落江南，家国之殇彻底激起了这种血脉里的本真，才有了她在乌江岸边叩问江涛，怒问天下，谁能是那个重整山河的英雄？

一个女子的豪情，让天下男人无不自惭形秽。

李清照这首《浣溪沙》，据考证，应该是创作于宋哲宗元符三年（1100）前后，那时，她大抵已经在东京汴梁，这首词不管是描述和新结识的朋友斗草的场景，还是回忆更早时和小伙伴们的嬉闹，她都将明水那股和畅的田野之风，带进了大都市，带进了她的人生。

她的一辈子，有着草香气，也有着露水的光。

李清照一生好赌。斗草，决一个胜字，怎么也是带有"赌"性，这大约是对她赌的启蒙吧？

李清照一生好酒。她老家的街头巷尾，集前市后，以当地的民风，常会有三五朋友相聚，大碗酒，大块肉，那种痛快淋漓的样子，一定感染了她。那扑鼻的酒香，也一定是那时入了她的心。

明水小镇，她的日月之根。红日高照，给了她豪放的底蕴；月光清澈，给了她婉约的心性。

泉水奔涌，有细流潺湲，有浪花激荡。这，是李清照的人生，其实，这何尝不是每个人的人生？只是许多人多了浑浊，许多人少了诗情，终究都是日月向前，没有归途。

李清照有归途吗？无处问，也无人可答。或许，诗词算是她的归途吧。

4. 何必浅碧深红色

李清照什么时候离开明水老家的？有人说是1089年，对于这个时间，有人点头，有人摇头，颇有争论。

我对此从不纠结，历史本来就没有真相，那些所谓的真相，也仅仅只是点滴。没有谁可以还原一个朝代，就算是想仅仅还原某一个历史事件，几乎都不可能。人们只是在浩如烟海的各种史料和寥若晨星的物证中，慢慢清除尘泥，去伪存真，来求取尽量贴近原始的真相。即使如此，怕也是只能看一个大概，一个轮廓，少有活灵活现的细节。

岁月的风沙，从来都是陈陈相因的，很多我们自认为看到的细节，大多数都是人们一厢情愿的臆想罢了，已经历经了一次次风雨的侵蚀，更或者是被人为有意和无意的扭曲。

大海都可以枯，石头都可以烂，还有什么一直是最初的样子？

李清照的生死，今天我们说起来依然含糊不清，对于她童年行走的步履，实在不能一个脚印一个脚印地点数了。这，依然不妨碍人们，去细细查看她的一颦一笑。

李清照，一个有着书香之气，又满身乡野自在的小女孩，的确是在她小小年纪的时候，就离开了老家明水。那时，她的父亲李格非已经稳定地在汴梁为官。

一行几辆马车，不疾不徐地向西南行驶，经过郓州的时候，应该是小有停歇的，住上一晚也是有可能。郓州，坐落于浩渺梁山泊之畔。那时，宋江还没有扯起义旗，烟波之中舟来楫往，虽然生活从来都是艰难的，但一方百姓却是那么仗义热情，邀请曾任职于此的李格非叙叙旧想来是必不可少的。

停下来，那浊浪排空的浩荡之势，并没有让李清照惊讶，即使再向前与黄河相遇，那滚滚的激流也没在她心中泛起丝毫的波浪。那时，她的心还很清澈，没有经过世事风雨，这些自然就引不起她的共鸣。

她一路向京城的脚步，也就波澜不惊，无诗无词也无画。

汴梁，历史的名城，在岁月里的规制起起伏伏，北宋在此定都后，达到了鼎盛时期。时人孟元老将这盛景一一记载在了他的《东京梦华录》里，溢美之词那真是连绵不绝。

孟元老，号幽兰居士。宋灭亡时，画家郑思肖画无根之兰，怀念破碎的故国。兰，其实是大多数人心中幽雅的梦，安逸、自在。事实上，宋也是一棵兰草的存在，香清意远，满满的文艺意味。

有剑形而无剑刃的国度，虽然拥有数量庞大的军队，对

第一章　梅定妒，菊应羞

待国内外兵事的时候，却多是以和为先，献金银，赠绸缎，是一种常态。所以，宋江一行梁山义士被招降不是个例，从另一个层面上来说，这也是致使北、南两宋起义频发的另一个原因。心有不满，一旦操起棍棒，哪怕小打小闹一番，朝廷多会许以职位和金银。外部异邦不断地侵扰，也多有这个原因。

富人命贵，经济繁荣的宋朝，尤其是北宋，不愿以刀枪试命。宋，以兰之色，兰之韵，调成秀色可餐的釉彩，染就宋瓷的优雅和纯粹。而宋瓷那密密的开裂，似乎也呈现了宋人那细细密密的小心思，纵纵横横的纹理中，无骨无血、无大气。

唐朝虽然号为盛唐，却远不如宋代富足，朝廷对待内外战事的时候，多是大开大合，刀枪相待，也就以铁血之勇，染就了唐三彩这大色系的绚丽。据说，唐三彩，尤其是马，多作为随葬品来用，所以，这是不是置之死地而后生的一种唐人信念——从不愿意在刀枪之事上，姑息养奸？

唐，是大朵的花，是牡丹，是洛阳邙山的牡丹。这是在武则天手中大死又大生的花。

宋，是兰，养在釉色宁静的瓷瓶里，以清水养生，色香两悠然，是宁静的繁华。

有钱又有闲，这一自在就是繁华无边。

在那时，更直接呈现汴梁繁华的是张择端的《清明上河图》。这幅纵 24.8 厘米、横 528 厘米的传世名画，分在野、在郊、在城三段，无不将当时欣欣向荣的大宋气象，描绘得妙到毫巅。

张择端，琅琊东武人，也就是今天的山东诸城人，如此说来他和李清照的丈夫赵明诚为老乡。当年，他们同在汴梁，喜爱收藏书画文玩的赵明诚夫妇，不知和张择端有没有过交往？

他们，毕竟是同龄人。

李清照来了，从宁静的明水小镇，来到了都城汴梁，可她不为车水马龙所惊扰，不为亭台楼阁所惊艳，她的笔端依然是那清新的语调。

湖上风来波浩渺，秋已暮、红稀香少。水光山色与人亲，说不尽、无穷好。

莲子已成荷叶老，清露洗、蘋花汀草。眠沙鸥鹭不回头，似也恨，人归早。

——《双调忆王孙·赏荷》

第一章 梅定妒,菊应羞

这白描的词句,淡淡出心,淡淡入心。据说此词写于她婚后不久,1101年至1104年,李、赵两家还没有被政治风波所波及,她和丈夫赵明诚的日子甜蜜安稳,如此词句,大概是相携出行时的记叙,虽然是秋色已暮,荷叶已老,可她的游兴却兴致勃勃。最后一句说眠醉滩头的水鸟一动不动,不肯回头看一眼,似乎是嫌弃游人不肯与它们嬉戏,早早归去。其实这是写她自己的恋恋不舍,更是抒发对故乡的心心念念。

那泉水,是她一生心头的清流。

李清照一边想念老家的荷花、湖水,一边很快融入了这都市里的车水马龙,尤其在诗词创作上,和诸多文化名流的结识,让她视野大开,思想有了深度。又因为她心灵上没受各种教化和规矩的沾染,各方面的见解,也就常有出人意料的新意。

无拘无束,自可纵横捭阖。她,在京城天马行空。

张耒,苏门四学士之一,而李清照的父亲李格非,则是位列"后苏门四学士"之中,怎么说张耒也是李清照的长辈,可李清照挥笔写下了《浯溪中兴颂诗和张文潜二首》。这两首咏史诗,相比张耒的原诗,自然难比老辣,但就其立意,却有独到且更深刻的见地,无数文化名流纷纷惊叹,都说李家女儿有才,不想竟然如此不凡。

众人的掌声还未停歇，李清照又抛出了震惊汴梁内外的一篇理论性文章《词论》，文中几乎将宋代词坛大家数落了一个遍，就连欧阳修、苏轼这样公认的文坛领袖人物，也都被她一一点评，并指出这些词文的各种不足。

《词论》虽短，却意义深远，毕竟这是中国女性第一篇文学评论文章，而且别有见地。

《词论》一出，世间一片哗然，有人为之折服，也有人不屑一顾。一个小小的女子，竟然敢如此指点文坛，更多的人认为李清照是哗众取宠。

风，从来不在乎山路的曲折，自有自己的柳暗花明。初出茅庐的李清照，就像当年赤脚走过田埂一样，神情淡然，不卑不亢。

暗淡轻黄体性柔，情疏迹远只香留。何须浅碧深红色，自是花中第一流。

梅定妒，菊应羞，画阑开处冠中秋。骚人可煞无情思，何事当年不见收。

——《鹧鸪天·桂花》

只要心有芬芳，何必迎合众人，去展那绿娇红媚之色？

第一章 梅定妒，菊应羞

中秋时节独树一帜的桂花，让傲霜沐雪的菊花和梅花都应该感到自愧不如。只可叹的是，《离骚》收录了众多的花草，却不见桂花。当下的人们，也如屈原老先生一样，不解桂花花语吗？

李清照赞桂花，更是赞自己。好一个女子，人不在江湖，亦不懂江湖，却柔中带刚，呈现出无边的江湖霸气。

她如柔柔的花，却透着凛凛的剑气。她不在江湖，却已江湖有名。

这词，看似婉约，却总能让人读出豪放。这，其实是李清照的本色，更多的时候，因为北宋生活的安逸，才让她不露声色。更多的时候，她只是手持一段花枝，说春风，说雨露，说那女子闭月羞花的心事，软软地向人问一句：今夜的月儿，几时弯上柳梢头？

第二章
和羞走,倚门回首

1. 夜来沉醉卸妆迟

酒是那么清澈,却总能让人浮想联翩。

酒,一杯在手,可大笑,可长哭,可放歌,一切情感都可以舒展到极致,就算是浅尝辄止,也是一片天光云影。这云影里,照他人的俊,照自己的丑。心事或心机,都一点一点写在脸上。

酒是日光的蕴藏,是月光的濡染,盈盈之色,正是日月之明的酝酿,也就深含如火如荼的玄机。其实也说不得是玄机，这深浅之度，尽可以自己把握。能好好把握酒的，是人中大器！

酒在方圆之器里，自得方圆。一器一形，一形一酒，就像是开什么花，结什么果。酒从不陷人于不义，行不义之行，多是心有不义，或者是与不义之人对坐。

酒，是文人的墨，是武者的刀光，是普罗大众的快意人生。自杜康酿成以来，可谓大行天下。在江湖尽可巅峰对决，在厅堂尽可以推心置腹。

"自古圣贤多寂寞，惟有饮者留其名。"李白，是一个绝对懂酒的人，是酒无与伦比的知音。陶渊明说："性嗜酒。家贫不可常得……"但亲旧故人却常常请他喝酒，他一喝就醉，但醉后却立即起身离开，从不以丑态示人。他是深深懂酒的人。苏轼说："吾喝酒至少，常以把盏为乐。"他，其实也是酒的知音，与陶渊明隔了几生几世，对饮和诗。他也与李白隔世遥相举杯，因为他们同是懂酒也懂月光的男人。欧阳修一篇《醉翁亭记》，使得一时洛阳纸贵。在滁州的醉、醒之间得民生之大悟，很多人以为这是欧阳修一时兴起使然，感觉他并不真懂酒。其实他是绝对深悟酒的真谛的，所以老爷子晚年极力退出朝野，以颍州西湖为醉，得"六一"闲适的余生。如此洒脱离开喧嚣的人有几个？这其实正是酒的潇洒。

第二章　和羞走，倚门回首

这是一些文人的酒，武者的酒似乎更痛快淋漓。一杯是自己，两杯成兄弟，三杯就是山河大地。酒是有血性的，当然，为此惹些败兴的事，那不是酒的本意。

其实很多酒的走向，成了历史的走向，这些厚重浩繁的事，不是我能说得出个一二的。那就一切一切尽在酒里，那就一切尽在不言中吧。

酒，似乎是男人的。岁月浩荡，沧海桑田，是少有女子饮酒的。的确也是有的，但大都是躲在一隅，悄悄再悄悄，或许只轻轻地抿上一小口，就已经红染香腮，眼神迷离了。能对酒当歌的女子，实在是少之又少。况且在常人看来，沾惹酒的女子多有是非，不是失德，就是失身，少有风流不失风雅的人。

杨贵妃醉酒，那是因为有唐玄宗的宠爱，皇帝说好那就是个好，没人敢说个不字。史湘云醉了酒，倒卧在花园里，落了一身花瓣，惹得蜜蜂蝴蝶在身边起舞。这不过是在文人曹雪芹笔下的风雅，那终还是现实里容不得的举止。当垆卖酒的卓文君，在她的《白头吟》里写有"今日斗酒会"的诗句，至于她喝不喝酒，还是语焉不详。

谁敢堂堂正正地说，我就是那酒中女子。

她来了，她，举杯登场。

她来了,她,站在八百多年前的远方,举杯高歌,我就是那酒的知音。

李清照存世的词也就六十多首,其中有四十多首关于花的词,而常常是花中带酒。青春那时,因酒而误入藕花深处。暮年那时,她扶酒而叹:寻寻觅觅,冷冷清清,凄凄惨惨戚戚。她的一生真的就是一场花事,花开是酒,花落还是酒。

夜来沉醉卸妆迟,梅萼插残枝。酒醒熏破春睡,梦远不成归。

人悄悄,月依依,翠帘垂。更挼残蕊,更捻余香,更得些时。

——《诉衷情·夜来沉醉卸妆迟》

写这首词的时候,北宋已破,李清照与时任江宁知府的丈夫赵明诚客居南方,她竟然因醉酒和衣而睡。

这是惆怅之酒,这是一杯浊酒。冷月残香的江南晚春,让她睡得迟,却又半夜醒来,只因家国之梦遥遥无期。

因醉酒而迟睡的事,于李清照来说,那是常有的。可青春那时,却是迟睡也迟醒,只因窗外是安稳的大宋山河,只因窗内是墨香、书香、女儿香。

第二章 和羞走，倚门回首

昨夜雨疏风骤，浓睡不消残酒。试问卷帘人，却道海棠依旧。知否，知否？应是绿肥红瘦。

——《如梦令·昨夜雨疏风骤》

这，又醉酒了，看这酒醉的，直睡到日上三竿，还躺在床上，而且眼神迷离，问侍女窗外海棠的颜色如何了。如此寥寥几笔，将一个青春少女安逸、自在，无忧无虑的生活描述得精确传神。更是这空前绝后的"绿肥红瘦"一词，惊艳了众人，当时的文士莫不击节称赏，未有能道之者，为此，这首词也为"天下称之"。

这是李清照的醉酒，这是李清照在北宋春天的醉酒，那时她还小，这词原本不是写的相思，不想却惹了相思，也让后人读出了深处的相思。

红瘦，可否说自己的花季堪堪将去？绿肥，谁家的公子已长成？十五六岁，的确应该是相思的时候了。

的确，这词也就惹了相思。

据说，这首词初写成，一家酒楼的老板，就以十几坛好酒换走了，经名家精心装裱之后，又衬以红花，挂在了最显眼的位置。一时间，酒店可谓人满为患。熙熙攘攘的人群里，有文人墨客，也有达官显贵。还有一些没读过书的平民百姓，也用最好的衣服将自己打扮一下，挤了进来。

酒楼，白日里车水马龙；夜晚里，灯火通明。

写词的李家女子初长成，爱慕她的赵家公子也成人。赵明诚来了，他是和他的朋友一起来的，他宁肯在人群中等一等，再等一等，也要等最靠近那首词的酒桌。词，看得最真切，也品得最亲切。赵明诚觉得，这是他十几年来，喝得最入心的一场酒。他因酒而醉，也因词而醉，更让他心醉的，是在词那头的那个女子。他，想和她相向举杯，他喜欢这个爱词也爱酒的女子。

时光上下，日月更迭，似乎也只有李清照敢如此大大方方地与酒同行，而且醉得千古流芳。如此看来，酒并不是谁的专利，只是女子更难把握酒的属性。酒，以水之形，赋予火的铿锵气势。而李清照恰恰是那个，可婉约，又可豪放的女子。

历史几千年，未必是这样的绝世红颜太少，更多的是因为望酒却步，而被淹没在熙熙攘攘的人间。时至今日，酒似乎还是女子的禁忌。

其实，酒不荒唐，是人荒唐；人若端庄，酒自端庄。

宋朝，不是一个山河辽阔的时代，但却是一个大经济、大消费的时代，尤其是北宋那时候，国库丰盈，民间富足，

第二章　和羞走，倚门回首

北方的酒楼、南方的茶舍，一座座拔地而起，从而历史性地开放了夜市。词，原本是为娱乐而生，如此应运而生的酒楼，从某方面来说，也推动了词的发展。

遇酒必有词，逢词必有酒，这是文艺的常态。想那宋代的词中高手，哪一个不是杯不离酒？那一心为国的辛弃疾，竟然也是"醉里挑灯看剑"。

那座因李清照的词而闻名京城内外的酒楼，而今在哪里呢？我几次去开封，可以说是问遍了这座曾经的北宋皇城，却无人知晓。大抵是已经坍塌了吧？多少帝王的巍峨殿堂，以及权贵之家的豪宅高楼，要么是毁于连绵的战火和灾难，要么是在年复一年的风雨中倒塌了。这样一个小小的酒楼，一个无足轻重的民间建筑，实在不能独存。

岁月，从来都是在毁弃与崛起中更迭向前的，就像我们的死与生，是人类生息的必然，这也是历史的必然。

好在诗词是有灵魂的，不会因为亭台楼阁的倒塌而被埋没，不会因为朝代的更迭而被淹没。因为此，才能让我们在安安静静的午后，或者月色初起的夜里，读李清照那自在的青春和酒。一字一句，都是醉。

2. 多情自是多沾惹

江山兴废一杯酒，沧海桑田半壶茶。那些许许多多的旧事，只有认认真真地回望，才能脉络清晰。

从藕花深处忙乱地荡桨的天真烂漫，到自诩桂花的贞心自许，再到心有海棠的情怀花蕾，李清照一天天长大。每个人最美好的青葱岁月，都期待相遇，期待那种让人怦然心动的不期而遇。李清照也期待着，她，毕竟到了这怀春的花季。

旧时，限于陈规陋习拘束，女子少有行走的空间，少有来往的路途。若是谁抛头露面多一些，就会被说成伤风败俗，被人街头巷尾地说成不守妇道，也常常就此坏了名声，被人唾骂着。

为此，那些女子，多是守在闺房里，将自己的小脚裹了又裹，端端庄庄地忙着手中的女红，不经意的向门外多看一眼都不敢，风在门帘上的一次吹拂，似乎都会让她们心惊肉跳。青春，就是独自地开，独自地落。只待那花轿来娶，这才轻移碎步，嫁一个不知的门第，嫁一个不知的男子。

爱情，是多少那时女子的镜中花，水中月？

当然，那些开明一点的家庭，还会让自家女子有些适当的走动，比如说在元夕看看花灯，在清明时节踏踏青，在庙

第二章　和羞走，倚门回首

会上买买胭脂，这也就认识了还算不错的良人，从而在沉闷的婚姻中，有了一汪泉水叮咚的脆响，有了一抹柳绿花红的清新。只是这样的姻缘实在太少太少，翻遍厚厚的历史书，也难得一见，更多的不过是戏子的唱词罢了。

宋时，豪门大宅的人家为女儿选女婿，常常是"榜下捉婿"。谁又说这些登第的读书人，就是那个心中的良人？可又能如何，这已经算是女子很不错的婚姻了。

其实，这世间，谁又是自由自在的那一个？那种悲叹，又岂止只在绣楼之中。

俊雅的李格非是开明的，"亦善文"的王氏是开明的，即使到了汴梁这样规矩更森严的京城，他们也没有让李清照有太多的拘束。当然，城有城的街道，乡有乡的阡陌，在哪里也不可能是放任自流，在不逾矩的情况下，他们给了女儿充分的自由。

这样，李清照有了更多奔跑的机会，尤其是在那天高地阔的北方。

帝里春晚，重门深院。草绿阶前，暮天雁断。楼上远信谁传？恨绵绵。

多情自是多沾惹。难拚舍，又是寒食也。秋千巷陌，人静皎月初斜，浸梨花。

——《怨王孙·春暮》

李清照多次写暮春。及笄之年前的暮春，她多写童心的无忧无虑；知天命之后的暮春，她写的都是家国之叹。这时的李清照，写的暮春却是一种恨意，这恨不是那种敌意的深度，这其实是一种相思。梨花渐败的时节，天空已经没有了可以传书的鸿雁，怎么不惹人惆怅呢？

这词写于和赵明诚相识之前，还是他们结婚之后，这都不重要，一切的怨尤都是多情惹的祸。

情起何时呢？情起芳华。怨起何时呢？怨起相遇。

相遇是一种缘分，有的是匆匆一瞥，再没有回眸的机会；有的是蓦然回首，那人却在灯火阑珊处。

李清照是多情的女子，也是有相遇的。那相遇，也就惹出了她许多闺房里的恨和怨。所以，她写恨与怨的词。

开封大相国寺，是远近闻名的，这座始建于北宋，由唐睿宗李旦赐名的佛教寺院，在宋朝的时候依然深为皇家尊崇，几代皇帝一而再再而三地扩建，香火盛极一时，其建筑规模于汴梁无出其右。如此一块圣地，宋朝大多的文人墨客自是常来常往，并留有诗文和佳话。平常人们为结善缘，也是纷

第二章　和羞走，倚门回首

至沓来，无一处不人影晃动。若是逢了庙会，那更是人山人海。杂技、小戏、古玩、绸缎、各种小吃、时令果蔬等摊位，据载就可达万处。

在熙熙攘攘的人群里，是有不少女子的，有布衣荆钗的贫家老妇，有珠光宝气的贵族夫人。那些锦衣飘飘而灵气满满的，都是富家的青春女子，端庄的多是小姐，活泼的多是丫鬟。生性活泼的李清照，怎么可能错过这样的大热闹呢，她也在侍女的陪伴下来这里。最初的时候，她多是为了热闹，逗一逗耍艺人肩头的猴子，买一个小小的糖人，或者是让侍女举一个五彩的风车，看它转啊转。当然，她也会走进相国寺的大殿，端端正正地拜一拜佛，许一个不肯让外人知道的愿，只是刚刚一转出殿门，就会被侍女说破。她便假装恼怒地追打，她便假装害怕地求饶。

其实因为心事被说破，似乎也就有了心事，她便时不时会朝俊朗的男人多看上一眼。

有人说李清照特立独行。可她毕竟是大家闺秀，父母有多宠爱，也不容她放浪形骸；她有多任性，修养也不容她肆无忌惮。她对男人多看一眼，那也只是一闪而过，也只是羞羞答答的飘忽。

那一次，她终于可以认认真真地看一个男子了，确切地说，是两个男子。

心有诗词的人，无论男女，都会对文玩心有喜欢。李清照走过古玩市场的时候，忽然就传来了一阵吵闹声，不远处，两个男子在争论着什么。

这热闹，她，可以堂堂正正地靠近一点，堂堂正正地看那两个青春少年。

那两个年轻人的争论，其实是源于一位老者。那个衣着华丽、手拿折扇的年轻人，是混迹于京都的南方公子哥，本以为老者可欺，将老者的玉壶骗入手中，无端地纠缠要赖，就想强买。另一位青衫少年，实在看不下去了，上前和他辩论起来。那公子哥是外地人，本就无势，又加之无理，不几个回合，也就败下阵了，灰溜溜地钻进了人群中。那位少年将夺回的玉壶交到老人手中。这玉壶是老人家中的祖传之物，只因突然遭难，才不得不出售，以度过眼前之灾。得知这前因后果，少年毫不犹豫地出手相助，赠重金于老人。

就是这无缘无故的善良，最让人感动。据说，后来老人探得了少年人的府邸，亲自上门将玉壶赠给了年轻人。年轻人推让不得，只能再次回赠重金。然而，好似此玉壶并非吉物，此时的老人家遭不测，而再后来，这年轻人也因这玉壶，身后留下了是非的污名。

第二章　和羞走，倚门回首

那个衣衫华丽的年轻人走了，留给李清照一个可笑的背影；那位青衫的少年也走了，让李清照实实地多看了几眼。总以为就此转身，再无交集。然而，命运安排了这样的相遇，安排了一场情缘，也安排了一场孽缘。

丫鬟跑前跑后，总是为了逗小姐开心。李清照身边的这位小姑娘，也是一样的机灵，她从小姐的目光里，看懂了一切，很快就从人群里探得了消息，告诉李清照，那个"他"名叫赵明诚，是吏部侍郎赵挺之家的三公子。

李清照嫣然一笑，低下了头。

赵府很近，却又很远，没有什么消息可以传来，自然也就惹了李清照不开心。好在上天终究是有了最好的安排，让他们终成姻缘，是那天作之合的神仙眷侣。

那个悄悄溜走的男子是谁？丫鬟自然没去打听，也无须打听。可谁知，上天安排了这样尴尬的遇见，竟然还会安排再一次相遇。多年之后，在江南，李清照与那个男子有一段孽缘，这个男子，不用说，就是悄悄溜走的那位。他让她的名声向暗，晚节沦陷。

大相国寺的佛，为何如此戏弄人间？如果今天再去开封叩问，或许已经得不到答案，这座恢宏的庙宇，已经在明朝的战火中崩塌。今天，依稀能看到一些清朝重新修缮的影子，更多的则是近代的垒砌了。

佛，都保佑不了自己的庙宇，如何为人间遮风挡雨？我远远地，再问开封那座古刹。

3. 醒时空对烛花红

青春总是多愁善感的，尤其是女子，即使在被三从四德困扰的旧时光里，这种内心里的情感，依然像泉水一样鲜活着，只是有的悄悄地流，有的却汩汩涌动。

爱，在《诗经》那时，就已经花开遍地。这是灵魂的歌唱，无可避讳，无须避讳，却总是被有些人一次次误读，一次次误解，从而谣传为恶念。

情，心之青青草，不会为野火扼杀，总会春风吹又生，满坡满沟渠。

李清照是活泼的，是热烈的，可她面对情窦初开，也只如风起夜半，悄悄地梦染格窗，成那摇曳的影，淡淡疏疏，似有如无。

后花园，从来都是私我的，是深处的，在厅堂之后，甚至绕过卧房才可以到达。这里栽花种草，更宽阔一些的，则

第二章 和羞走，倚门回首

会有池水、幽径、小亭。这是自我的地方，归心的静处。

李清照家的庭院里，也有这后花园。

据说，李格非在汴梁的时候，宅院是租的，这宅院称为"有竹堂"，如此看来，他爱竹，这一点，与他的老师苏轼颇为相通。苏轼曾说："宁可食无肉，不可居为竹。无肉令人瘦，无竹令人俗。人瘦尚可肥，人俗不可医。"

爱竹的李格非，自然不俗，文章、道德都堪称一流。他一生以竹的形象自律，有品、有节、有清。他任职底层时，因为俸银极低，生活相当清寒。同僚们建议他做兼职，多谋得些薪金。这是好办法，他却坚决不肯，回答道："一个人专心做好一件事都很难，若再分心，只怕是什么也做不好。如此，岂不辜负了朝廷和民心？"

竹有虚心，有品节，清正有形，所以才被世人爱。

李格非在写《洛阳名园记》的时候，曾经深入洛阳进行调研。洛阳，被称为十三朝古都，其建都史可跨越数千年，又被称为"天下之中"，但很多时候总是差那么一口气，被几个朝代定为陪都。洛阳，在宋朝称为西京，也是陪都，这里不仅文化极其繁荣，而且城市建设更是相当宏大。

那年，李格非造访洛阳，惊讶地发现这里留存的历代园林竟然多达千处，以其中十九处最为著名。这些园林，以流水为神，以花木为魄，构建是相当的精美，而当朝各部大员，也多在洛阳置园购宅，其建筑规模和豪华程度，比起京城似乎更胜一筹。

避开皇帝的视线，如此大兴土木，内里很值得让人玩味。李格非在感叹园林精美之余，却又忧心忡忡。他在《洛阳名园记》的最后写道："呜呼！公卿大夫方进于朝，放乎一己之私以自为，而忘天下之治忽，欲退享此乐，得乎？唐之末路是已。"

大意是说，大家作为朝廷重臣，不谋国家大事，而想偏居一方贪图享受，良心何安？难道我们忘了唐朝灭亡的前车之鉴了吗？

写园林的富丽堂皇，却担忧起国家的兴衰，这就是李格非，他在洛阳是真的没有豪宅。

李格非京城的住处是租来的，以他对洛阳园林的态度，这庭院也不会太大，但是也不会太逼仄，不然何以有竹？何以有供李清照荡秋千的后花园？

蹴罢秋千，起来慵整纤纤手。露浓花瘦，薄汗轻衣透。
见客入来，袜刬金钗溜。和羞走，倚门回首，却把青梅嗅。

——《点绛唇·蹴罢秋千》

第二章 和羞走，倚门回首

关于这首词，历史上颇有争议。赵万里辑《漱玉集》云："案词意浅薄，不似他作。未知升庵何据？"意思是说，这词立意浅薄，不像是李清照风格。不知道杨慎有什么依据定为她的作品。升庵，杨慎的号。

詹安泰在《读词偶记》中这样写道："女儿情态，曲曲绘出，非易安不能为此。求之宋人，未见其匹，耆卿、美成尚隔一尘。"

关于写秋千和女子的诗词，可谓不胜枚举，文思也多风流，宋代文坛大领袖欧阳修，不是也写过"秋千慵困解罗衣"这样的句子吗？怎么到了李清照这里，就成了轻浮了呢？正如詹安泰所说，能把女儿形态写得如此惟妙惟肖的人，就算是个中高手的柳永、周邦彦都做不到，除了李清照还能有谁？

要说轻薄，唐人韩偓的"见客入来和笑走，手搓梅子映中门"，这样的形态才是轻薄，似乎是歌伎举止，而这首《点绛唇》，从形态、心理到画面，完全就是一个青春少女的样子，难不成一句"薄汗轻衣透"，就惹了卫道士们喋喋不休了吗？

以李清照的性格，她能这么写，也敢这么写。这正是她不循规蹈矩的乡野品性，这也是以白描勾画生活，对词"别是一家"的认知。

秋千，起源于上古时代，缘于先人为了谋生，而以藤蔓为绳索，攀爬或摆荡，而于春秋时期，渐渐形成悬挂于高处，下拴横档的秋千雏形，再后来慢慢形成人们游乐的器具，而风行天下，至唐宋时期，而深为女子喜爱。

李清照写这词的时候，就在"有竹堂"，此时的年岁，她正如雨后春笋，含羞带红，渐成女子中的竹，渐成文坛中的竹。她曾自诩为花，也曾无数次写花，她如花，却更有竹的影。

如此一首走心又叛逆的词，正是她的笔锋春溪一样的走位。

那位词中让李清照"和羞走"，又回首嗅青梅的客人是谁呢？

这客人当然不会是一个老者，那样李清照只会有惊慌，是再无回首的。那客人一定是一个年轻人，但又不是每一个年轻人都可以让她回首的，不然，李清照岂不是一个活脱脱的花痴？想来她对这年轻人是有所认知，又有所钟情的。他，一定是大相国寺庙会相遇的那个青衫少年郎。

那次相遇，也不能完全说是相遇，那不过是李清照独自多看了一眼而已。其实，他们还有过真正的相遇，有过实实在在的四目相对。有一次，李清照随从兄李迥元宵节游夜，在花灯下与赵明诚邂逅。那是赵明诚第一次真正见到写下"绿肥红瘦"的心中才女，这让他情心更坚。那年，天下大

第二章　和羞走，倚门回首

旱，李清照与弟弟李远，跟着父亲李格非参加一场半官方半民间的祈雨仪式，就在这祈雨现场再与赵明诚相遇。

一次，一次，两人的心底，各自有了那摇曳的倒影。

赵明诚认识了李远，与其成了好朋友，就以与李远游乐为由，借故出入李家府门也就在情理之中。因为熟识，所以才有走近这后花园的可能，而窥见荡秋千的李清照，似乎也应该是赵明诚一个蓄谋的故意。

翩翩少年，谁不为爱找一个借口，再找一个借口呢？这是情感的花蕾。

她有青梅，他虽已不骑竹马，可毕竟是如这青梅时节，彼此都心事简明。这淡淡的恋，足以荡漾一生。的确，真的就荡漾了他们的一生，虽然风雨之中的后来，有过难言的暗流，但依然是婚姻的楷模。清朝词人纳兰容若，就掸去杂尘，无比艳羡地歌唱他们的爱情。

后花园，他身影一闪；后花园，她弄梅回首，似相见，又似恍然一梦。

莫许杯深琥珀浓，未成沉醉意先融。疏钟已应晚来风。

瑞脑香消魂梦断，辟寒金小髻鬟松。醒时空对烛花红。

——《浣溪沙·莫许杯深琥珀浓》

那人走了，只有空空的秋千还在后花园。那一刻太突然，太短暂，却是芳心里的惊艳一刻。绣阁里，举着酒杯，没喝醉就已经心思迷离了。那清越的钟声可是从那远远的大相国寺传来的吗？静静地面对着晚风，那么失魂落魄，也无心收拾散乱的发髻。昏昏沉沉再次醒来的，却是孤人对孤灯。

今天，已经看不清那烛花摇曳的窗，已经看不清那芳心摇曳的影，然而，这诗词，却赋予了一颗少女心千年的鲜活。纯真的初心，何曾老过，每一个钟情的少年，都能听到这怀春的声音。怦怦——怦怦，清澈得多像泉水的律动。那泉水，是明水的百脉泉水吗？

那清清之泉里，映照着那山高水长的爱情……

4. 倚楼无语理瑶琴

人生，有太多的相遇，总是擦肩而过，彼此只是那一缕清风，脚步只走出半程，早忘了个干干净净。而青春里的相遇，却往往不同，有时候哪怕只是一个背影，却就此难忘，就算是年深日久，每每回忆，也是心潮难平。

年轻的心，就是这样流水潺潺，月光盈盈，若再有那文

第二章 和羞走，倚门回首

艺的情怀，那更是花开花落，在无人的时候，独嗅其香，独拾残红，写成起起伏伏的文字，一点一点回忆那雨巷，那花径，那廊亭，那经歌缭绕的庙宇……

心有玲珑事，青梅上枝头。有多欢喜的相遇，也就意味着有多忧伤的相别，余味就是相思。

李清照有家人的百般宠爱，也有冲破藩篱的心，可她毕竟是一个女子，又怎么可能肆无忌惮？在成长中，那份天真烂漫的情怀，渐成低眉暗思量的初心。

初心初起的时候，有了那个相遇，那是怎样的欢喜，那是怎样的甜蜜。可是这种心事不可说，一举手一投足，更多了一份拘谨。平素里去逛逛庙会，去探探街巷，总是大大方方，如今却是不能，每每迈下楼阁，都会一步一步多了矜持，想对父母说一声出去走走，再不像从前顺口就是一个借口。好半天想出来个理由，还没等开口就心虚了，忐忐忑忑感觉父母早已经看透了。

怀春的女子，总会闪烁其词，再不会风风火火，眉山目水里都是那清风溪流。

李清照最初来到京城的时候，恳求父母和兄弟带她出门，哪怕是在熙熙攘攘的人流里，也会问东问西，全然没有顾忌。可今天的她已然不同，懵懂已明，心事渐渐春风十里，可越是向往远方，却越要深居简出。她，到了形影都要端庄的花季。李清照，一缕田野里的风，硬生生汪成了庭院里的一池碧水，悄悄起着涟漪，慢慢荡着青萍。

李清照本不爱女红，此时更无心。别的女子大约一针红线，一针绿线，绣那红红绿绿的愿。她却不，一笔一纸，初写工整，渐写潦草。写了，自己默默地读，读了又偷偷地笑。忽然间又不知生了谁的气，将那纸揉成团，狠狠地扔出去。那眼神，那怨恼，仿佛是在怒对谁。怒着怒着，却又笑了，忽而将那纸团捡起来，慢慢地展开又展开，抚平又抚平，手指间的温柔透着无比的爱怜。爱怜谁呢？是自己，还是那个他。

髻子伤春慵更梳，晚风庭院落梅初。淡云来往月疏疏。

玉鸭熏炉闲瑞脑，朱樱斗帐掩流苏。通犀还解辟寒无。

——《浣溪沙·髻子伤春慵更梳》

那比晚风还凉的是寒意，这早春的寒意染月月染窗，她斜卧在朱樱色的帷帐里，袅袅弥漫的熏香，就是她闺房无心打理的寂寞。这些落梅待春的文字，是无可言说的等人懂。

母亲是懂她的，父亲也懂，可他们不必张罗。哪个女子的二八年华，不被男子钟情，更何况有才有貌有家势的李清

第二章 和羞走，倚门回首

照，登门求亲的自然是络绎不绝，来来往往的，哪一家也不弱，都是京城内外的高门大户。喜鹊在院中的花树上，一次次高叫，可是，李清照笔下写的还是一个愁字。她不需要这些喧闹，她等那个人静静到来。

李格非夫妇是开明的，知道女儿或许已经芳心暗许，一边将提亲的人茶迎茶送，一边有意无意地探看着女儿，等她那眼中眉间的嫣然花开。

儿女的婚嫁，在那时候，都是父母最牵心挂怀的事。

傍晚，送走又一位来牵红线的同僚，李格非挺高兴，他觉得这门亲事女儿也会和他一样满意。

从初春时节，到春渐老，是该有好消息的时候了。夫人王氏是个聪明人，从丈夫的神色里明白了一切，自然也是十分高兴，她悄悄地朝丫鬟使了一个眼色。小丫鬟也是一个机灵人，一个转身，就上了小姐的绣楼。

李清照留存的词并不多，也就六十首左右，而伤春的闺怨文字却已经超过了一半。正像大家所说，愤怒出诗人，愤怒，利于灵感的宣泄。词，是情词，寂寞伤怀最能使情到深处，有情才是词人。而青春这一段，最是幽幽怨怨，也正是这样的笔墨，最能惹人动心。作为千古第一才女，宋史上留名的李清照，想她一辈子绝不可能，只写下了区区不足百首的诗词。其实，人这一辈子，欢总是清浅了许多，而悲和忧总是那么深刻。今天我们读到的这些李清照的文字，或许正是她最用情的。

小丫鬟走进李清照的闺房，她以为李清照也会和她一样欢喜。没有，她没有一丝丝的激动，她写下的，还是那冷冷的文字。然而，这形神慵懒的文字里，却是深深的情。

小院闲窗春色深，重帘未卷影沉沉。倚楼无语理瑶琴。
远岫出云催薄暮，细风吹雨弄轻阴。梨花欲谢恐难禁。

——《浣溪沙·小院闲窗春色深》

这首小词写的是闺中情，却透露了另外一个信息。这词不应该是写于老家的，那时她还小，那时心情是那么明快，是荷花一样临水弄影的样子。这是她东京汴梁待字闺中的心思，而"小院"二字，再次证明了李格非在京都租住的院落的确并不宽大。是啊，室雅何须大，有竹的庭院自然少不了雅的韵味。李格非自然是那个有雅趣的人。

李清照此时没有写竹，那并不是她不懂清雅，而是此时她心生"薄暮"，是不适宜弄什么雅的。感情到了这样的愁处，还说些高风亮节的词，实在太做作，太虚伪。不必说，

第二章 和羞走，倚门回首

什么也不必说，面对重帘未卷的窗前暗影，轻轻拨弄琴弦吧，一弦一弦，弦弦是心声。

瑶琴，即古琴，也被称为玉琴，它的由来传说来自远古时代，伏羲伐凤凰栖落的梧桐，将其截为天、地、人三段，浸泡七十二天，阴干后制琴。又传古琴为神家创制，最初的琴据说只有一弦，经多位贤人之手，至舜时以"天有五星，地有五行，世有五音"而定为五弦，周文王后来又添一弦，周武王再添一弦，至此，古琴有了定数，七弦的味道终于完美。

那时的古琴多在男子之手，拨动的是《诗经》，是高山流水，丝弦上满满的都是草木和阳光的音质。当女子渐渐操弄起来的时候，渐渐就有了花香和月光的缠绵。唐宋时期，古琴风行于市。

琴，讲究琴德，乃大雅之器，置于胸怀，端正身心，非君子不能操持。琴操虽然是一位歌伎，但她有玉之心，有鹤之神，这正是与琴相配的德操，为此也就深为苏轼喜欢。她原本削去三千烦恼丝，抖落弦上的风尘，为爱的人守作空谷幽兰。可弦上的情感之间，于耳边萦绕不绝，当她冲破清规戒律渴望一生追随的时候，苏东坡已经被贬谪到了海南。对于一个女子，那是遥不可及的远方，她丝弦崩断，人与琴魂魄俱散,二十四岁的她,香消玉殒。

民国时期,诗人郁达夫曾拜谒过琴操墓,但只见残碑,遂翻遍《临安县志》,却没有关于琴操的点滴记载,他愤而怒道:

山既玲珑水亦清,东坡曾此访云英;

如何八卷《临安志》,不记琴操一段情?

写那志的人,只知官场,只知富贵,实在不知风雅。他,必定是一个不懂琴的人。再者说,这种歌功德、表业绩的官家旧文字,不在乎这民间的情怀往事,也实属正常,想到这样,也让人释然了。

以琴为首,琴棋书画,几乎成了名门闺秀的技能。古琴,也受李清照的喜欢。

又是春已深,再次暗叹流年如水,青春将如落花一样凋落,怕是在所难免。

这般闲愁,却有深虑,那个他几时能来?难不成他忘了那再一次的相遇。分明也是听到了他的心跳的,难不成是她自作多情。

父亲李格非以为懂了,母亲王氏以为懂了,可他们只懂了女儿李清照的青春,不懂的是,她为谁写下这些闺怨的词?

双向奔赴,爱,才是青春年华里的光。

第三章
人悄悄，月依依

1. 柔肠一寸愁千缕

　　春天百花齐放，让无数人留恋其间，写诗、放歌、饮酒、品茶，无不兴致勃勃。的确，经过了冬天那么漫长的冷清，忽逢一年最姹紫嫣红的时节，这巨大的反差，任谁的激情不迎来一个大爆发呢？

　　关于春天的诗词文章，正如这春天让人目不暇接的景色一样，名篇佳作可谓不胜枚举。那么多的欢喜，那么多的激动，穿插在那些文字之中，是一个高潮，又一个高潮。其实用泉水形容春天就不错。荒野里，一棵野菜的新绿，是一处刚刚醒来的小泉眼，拱破冻土，只那么轻轻地涌动了几下，一刹那间，一棵接一棵野菜也被唤醒，那鲜活的气息次第蔓延开去优化了表达更流畅自然，瞬间便漫溢了山河。那一处红的、黄的、紫的花树，更像是一处处喷泉，将季节的芳华推向了高峰。人的情绪也达到了高峰，一个个如痴如狂。

花，的确会让人痴狂。唐朝的时候，簪花就已经很盛行，及至宋朝这个崇尚文化的时代，簪花几乎成了全民的常态，达官贵人、贩夫走卒都簪花在头。这是一种礼仪，也是一种荣誉。如此，宋朝大兴园林，栽花种草也就成为一时气象。宋代，不是疆域辽阔的王朝，但在商业上开明开放的策略，使它成为大经济的时代。但越富庶越使人沉溺于花草之欢，以致失却了刀剑的硬度，或者说渐渐忘却乃至不习惯了刀枪。花草赏心悦目，又美又轻巧，谁还想着去摆弄刀枪这些又沉重，还有可能惹些血光之灾的器具呢？

李格非在他的《洛阳名园记》里，想到了唐朝的灭亡，而引起他对当时形势的担忧，以及人心的叩问，是不无道理的。但他毕竟还不是那个可以一呼百应的权臣，他的声音终究未激起半点回响。

当时的皇帝宋哲宗赵煦，只遐想着李格非文字描述的那

第三章　人悄悄，月依依

些建筑精美的棱角和那些草木秀气的纹理，感叹着国朝的兴盛和繁华，对于李格非的那些忧思是没在意的，也许只看了一眼，认为那不过是李格非为文而文的卖弄而已，或者是一种杞人忧天。后来的皇帝宋徽宗赵佶，一位被做皇帝耽误的艺术家，更不会在意这些，只日夜伏在《清明上河图》前，浮想联翩着。

《清明上河图》是宋代人的骄傲，那亦是宋朝皇帝的沉醉之所。

末代皇帝溥仪也非常喜欢《清明上河图》，四处流浪时都带在身边。他在自己破碎的山河里，时不时展开这幅古画，默默追忆着大清朝的繁华。

有人说宋朝是近代的黎明，然而，这种黎明的朝霞，很快就成了金兵刀剑之上的血光。于多美之光阴，亦不应该放下为家国之胆略。

文韬武略是帝王的必备，是国家山河的必备。宋，让人生叹，国家金银珠宝堆积如山，建园林，筑楼阁，却不肯铸铠甲，甚至放弃磨砺百万将士手中的长矛。

宋朝本来就是一个以文治朝政、以文治天下的国度，到了宋徽宗这里，为再将文艺之能进一步发扬光大，自己更是躬先士卒，专攻琴棋书画。他设立了大晟府，诏周邦彦掌管这片礼乐之地。

　　周邦彦，这位一直流落四处的大词人，至此才峰回路转，舒舒服服地过着专攻文艺的好日子。这位婉约词派的代表人物，刚一上任，就邀请各路文艺人才，参加大晟府举办的诗词盛会。这大会的主旨是推广和传承，受邀的不仅有当时京城的成名大家，自然更不乏青年才俊。

　　先后登场的各位诗词好手，挥毫泼墨，尽展文采风流，将这场盛会一步一步推向了高潮。其实，这还不是高潮，这是周邦彦特意安排的盛大开幕式，一切都是为一个女子安排的，在他的隆重介绍下，李清照登场了。

　　那是夜里，华灯满堂，在那摇曳的烛光之中，李清照缓缓而行，仪态万方。当她刚刚移步到铺好纸张的案几前时，一个男子也悄然跟随而来，急不可耐地要为她研墨。李清照婉拒了，可那男子依然不死心，迟迟不肯走开，而且一再央求，李清照还是有礼有节地一一回绝了。

　　这，不是她期待的那个人。

　　那个人只好灰头土脸地退下了。其实，李清照并不知道，这个人和她有过一面之缘，他就是大相国寺前那个强买老人玉壶的人，他是张汝舟。让李清照更料想不到的是，这人在她的晚年，给她带来了名节之祸。

第三章　人悄悄，月依依

李清照登场，是期望有个人来研墨的，因为她早就看明白，她诗词中期盼的那个人，也坐在这诗词会的一角。她，再次向那里望了一眼。

或许是因为李清照眼神的鼓舞，那个青衫少年走到了近前，轻挽衣袖，拿起了那块松烟墨锭。

他悄悄一瞧，她羞羞低眉，眉眼之间尽是天造地设的心领神会。他研墨，她提笔。

厅堂里片刻的宁静之后，是热烈的掌声。

李清照毕竟是个大方的女子，稍稍抱拳之后，立时敛了羞涩，玉腕轻抖，龙飞凤舞间，一首词一挥而就。

天接云涛连晓雾，星河欲转千帆舞。仿佛梦魂归帝所，闻天语，殷勤问我归何处。

我报路长嗟日暮，学诗谩有惊人句。九万里风鹏正举，风休止，蓬舟吹取三山去！

——《渔家傲·天接云涛连晓雾》

这首词，虽然多是婉约之语，却隐隐约约地透着雷鼓之声，有肝胆，见磅礴，是极其独特的浪漫佳作。或许，是因为赵明诚站在身旁的缘故，就此让李清照涌起了男儿豪情。

有人说，因词文语句中多有"云涛""千帆"等字词，是李清照在战火中辗转山川与大海后，写于南宋时期的宋高宗绍兴元年（1130）。这观点是很让人怀疑的，且不说那时山河破碎，李清照自己也是心力交瘁，更何况赵明诚刚刚故去一年，她怎么会怀有如此昂扬的情感，写出这般山海纵横的文字？江南，国破家亡，的确让李清照内心澎湃，但于那里，她却多写悲愤与凄苦，不似这样大气磅礴的格调。

那夜，置身于一众男人的诗词大会上，她又怎么能忸怩作态？更何况李清照本就不是矫揉造作之人，于那激情的掌声里，她自然也就笔墨飞扬。

罢也，不必纠结，这些留给方家去拨开那远方的云雾吧，我们记住李清照与赵明诚这次相遇，实实在在的诗词相遇，让他们的心有了实实在在的碰撞。

周邦彦，因其词"格律谨严，语言曲丽精雅"，被视为婉约词派的正宗，但他生性风流，甚至在京城名伎李师师那里，惹下了与宋徽宗争风吃醋的麻烦。一个臣子，无意间撞见了皇帝与歌姬的嬉戏场景，掩面无视也就罢了，他周大人偏偏要写出来，而且让人唱出来，为此，那一句"纤手剥新橙"差点为自己惹下大祸。

有谁知，这样一个情感上放浪形骸的男人，竟然在李清

第三章　人悄悄，月依依

照与赵明诚的婚姻上，起到了推波助澜的作用，让我对周邦彦多了一点好感。

大晟府的那夜，赵明诚是欢喜的，而那张汝舟却是恼怒的，他恼李清照的婉拒，他恼赵明诚的得意，于是，在众人都为李清照的词叫好的时候，他冷冷地说道："如此抛头露面，尽失女子的妇道。"

如此说辞，不仅是打击李清照，似乎也侧面攻击了周邦彦，他的话音刚落，就引起了众人强烈的反击。赵明诚更是立时站起来，怒批张汝舟的言论食古不化、愚不可及。

在一声又一声的抨击和鼓噪声中，张汝舟落荒而逃。

北宋，是包容的，是开明的，至少在文化上。而南宋，再次退化到腐儒的时代。经济上更是和国土一样，萎缩得瘦瘦瘪瘪起来。

宋太祖赵匡胤，一个纵马山河的皇帝，如果得知自己的后代，如此羸弱不堪，该是怎样的痛心疾首？是不是会重新审视自己重文轻武的国策？

岁月，赋予一个朝代一个或者两个文韬武略的皇帝就不错了，很难让一个政权的文韬武略贯彻始终。那些皇帝，毕竟受诸多因素的制约，所以难以长久地纵览天下。

2. 香脸半开娇旖旎

世间锦瑟和鸣的姻缘，究竟要经过怎样的周全，才能被岁月如此温柔以待？

贾宝玉和林黛玉是爱了的，可谓青梅竹马，贾母对两个人也是分外疼爱，却硬是不肯成全，偏要贾宝玉和薛宝钗定亲，林黛玉为此害了相思，贾母不着急上心，却冷冷地道："林丫头若不是这个病呢，我凭着花多少钱都使得。若是这个病，不但治不好，我也没有好心肠了。"于是，徒惹得林黛玉香魂消散，贾宝玉断了尘念，遁入空门。

纳兰容若和表妹惠儿，也是这样的两小无猜，彼此早已芳心暗许，她作那一抹红，他作那一抹绿，生生死死都是春风拂柳的样子。可无奈帝王之诏，表妹被选入了皇宫。高高的宫墙里，惠儿再不能为冬郎表哥绣那初心的红绿。

都说，贾宝玉和林黛玉的原型，就是纳兰容若和他的表妹。

这两段爱情的伤痛，一在书卷里，一在生活中，是彼此的倒影。这也深刻地告诉我们，姻缘很难被成全，若要成就那夫唱妇随的百年好合，更是难上加难。

即使两情相遇也相悦，未必不错过，未必能相伴，只怕

第三章　人悄悄，月依依

一转眼就是天涯海角。

无线的针，空惹伤痛；无针的线，徒有缠绵。还不如那彼岸花生死都不相见呢。不相见，也不会有痛有相思。

君生我未生，我生君已老。

君恨我生迟，我恨君生早。

这诗虽然是一个唐朝人写的，但有这种感叹的人，古古今今又岂止万千？如果只是匆匆地擦肩而过还好，最是那痴痴相望而不能相守，这种痛才最让人崩溃。

命运，却偏偏成全了李清照和赵明诚。他们，原本心有倾慕，又一眼千年，这段感情，被安排得无一处不妥帖，双向地奔赴最终抵达同一个厅堂。

就是这样美不胜收的天作之合，有人还种种挑剔，说赵明诚没有男人的担当，说李清照好酒好赌，诗词时有轻佻。我们不想说他们夫妇完美无缺，但即便如此，又有谁可比呢？就算那神话里的牛郎织女，也不是只能一年一度鹊桥相会吗？即使同窗共读了三载的梁山伯与祝英台，那不是舍命化蝶才能比翼双飞吗？西方王子娶了灰姑娘的神话，大都是在他们共披婚纱的那一刻戛然收笔。他们，真的能从此相敬相爱？

举案齐眉的夫妇，终究是少之又少。

说到轻佻一词，让人再次想到大晟府举行的那次诗词盛会。有人说李清照另有一词，好像写的是闺中之怨，于是让羞恨交加的张汝舟有了攻击的借口。

李清照有些诗词，对日常生活写得过于细致，这恰恰说明了她不肯遮遮掩掩，不以藏真情去装清高，不以藏苟私假说贤淑。她，总是真真实实说我心，坦坦然然表爱。

天下的女子，还有哪个敢活出这样的风度？

绣面芙蓉一笑开，斜飞宝鸭衬香腮。眼波才动被人猜。
一面风情深有韵，半笺娇恨寄幽怀。月移花影约重来。

——《浣溪沙·闺情》

这就是传说中李清照在大晟府临场发挥写下的词，引起争议的则是上下两个尾句，而恰恰是这两句，将一个少女的心理状态，刻画得惟妙惟肖，实在是点睛之笔，可有些人偏偏要从中读出些不洁之意。的确，在宋朝，理学的兴起让人们对女子的审视，已经不如唐朝宽泛，再加上一些人对理学偏执的理解，女子的一个眼色和举止，都要被大批特批了。

尤其是南宋，对女子的管束，越来越严苛。据说，裹脚也正是从那时渐渐兴起。女人们，不得不小心翼翼地，行走

第三章　人悄悄，月依依

在一条一条的规矩里，如临深渊。

《诗经》那时，爱情遍野，那是自由的歌唱。西汉淮南王刘安评说这种爱是"好色而不淫"。的确，这不也正符合了古人"食色，性也"的人性之谈？而"发乎情，止乎礼"，又谈何僭越了礼制呢？

一人一山海，一人一日月，的确是各人的世界各有不同。不过想那宋时的理学泰斗程颐，那头巾气实在太重了，当有人问他："若寡母与孤儿相依为命，实在活不下去了，女子可不可以改嫁？"这老爷子立时把手中的书卷摔了，怒道："饿死事小，失节事大！"本来是关于生存的基本问题，硬是被他说成了人性大义。

好在有李清照，敢于冲破无聊的羁绊，让我们看到一个活色生鲜的女子，看到她这活色生鲜的诗文。

说到大晟府，有一个不可回避的问题。周邦彦的确是首任大晟乐正，可大晟府设置时为崇宁四年，也就是1105年，这时候的李清照已经二十二岁，早已经嫁给了赵明诚。再者，此时节李格非因"元祐党人"事件，被贬出了京城，她因父亲的事正心烦意乱，又怎么可能有兴致写出这样缠绵的词来呢？

想来他们这样相遇，应该是来自另外一场文人的雅集吧?总之,这场明月照花影的邂逅,让李清照和赵明诚开启了真正的情感对话,他们,也都期待再来一次这样的诗词之约。

不管李清照怎样的离经叛道,不管赵明诚如何的心心相念,可是这样的机会实在是少之又少。无奈,李清照只能在闺房里,继续写她翘首以盼的诗,真的,你让她如何向人开这个口,说自己最心底里的女儿事?而赵明诚,也只能在家中无聊地翻着书,苦思冥想着某一个理由。

男人,在爱情上总是主动一些。赵明诚终于鼓足了勇气走进了父亲的书房,对赵挺之说道:"父亲大人,我昨天晚上做了一个梦,感觉有点奇怪。"

梦,本是人们正常的生理现象,但因为梦境常常出现一些难以理解,甚至荒诞的场景,在从前也就总是认为这是上天给予的某种暗示,于是,解梦也就在民间风靡开来。

赵挺之停住自己手中的笔墨,问儿子做了一个什么梦。

赵明诚挠着头,说那梦里有一个白发长髯的老者,送给他一本书,书里尽是些神神怪怪的事,而且文字诘屈聱牙,他大都不懂,醒来的时候只记住了三句话。

赵挺之说道:"哪三句话?快写来我看。"

赵明诚不假思索,提笔就写了出来。

第三章　人悄悄，月依依

赵挺之看了看纸上那字，他让赵明诚将母亲和两个哥哥叫来了。

"言与司合，安上已脱，芝芙草拔。"看着这十二个字，几个人都不置可否。

赵挺之笑了笑说："我儿子明诚的确应该成家了，而且上天早有了安排。"

夫人也笑了，说："大人说得极是，咱们不也是一直在张罗吗？可明诚不是这个不答应，就是那个不同意。你说的上天早有安排，是什么意思呢？"

赵挺之指着那三行字说："你看这'言'和'司'拼在一起，那是一个词字，'安'字去了宝盖，那就是一个'女'；这'芝'和'芙'去了草字头，就是'之夫'，合起来就是'词女之夫'。"

众人先是一愣，接着都哈哈大笑，原来明诚命中注定将成为诗词女子的丈夫。

在东京汴梁，通晓诗词的女子并不鲜见，可谁是那个中翘楚，又与赵明诚年龄相当？明眼人一下子就明白了。

李家女儿初长成，赵家少年正青春。

赵挺之煞有介事地解了儿子的梦，并非不懂赵明诚的小心事，他并不拆穿的原因，是觉得自己和李格非是老乡，两人虽然在政治上认知不同，但没有直接冲突。再者，他也认为李清照这孩子足够优秀，她那有些泼辣直率的性格，似乎正好弥补儿子稍显阳刚不足的缺陷。

他和夫人郭氏都觉得，这是不错的姻缘。郭氏，山东东平人，也是老乡。

乡情，是一种说不出来的亲近。

很快，一位与赵挺之和李格非两人关系都不错的同僚，在那个阳光明媚的上午，叩响了李府的大门。

小丫鬟快步登上绣楼，轻轻地对李清照耳语了几句。李清照脸色一红，笔停在了诗笺之上，泅出了一颗心。他，终于来了……

是等待，更有预料。一切，是心的约定。原本的"月影花移"的诗词之约，却将是近在咫尺的婚约。

3. 买得一枝春欲放

童年的心都是欢的，少年的心则有了愁。哪个不是如此，渐长年华，渐生心事。

李清照有超凡脱俗的才，但不是一切都超凡脱俗，心事

第三章　人悄悄，月依依

起了的时候，她也有了怨。人也慵懒了，妆也不整，窗帘儿也不拉起，暗暗的光里，暗暗的琴声弹给自己听，其实原本是想弹给别人听。可心里的那个别人又不来，她又幽幽地怨。少女的心，是如此缠绕又缠绕。

小丫鬟蹦蹦跳跳地上楼来，李清照是欢喜的，只因她已经有了七八分的懂，可她仍一脸严肃地嗔怪道："你看你慌里慌张的，完全丢了女孩家的样子。"

李清照身边的小丫鬟，那嘴也巧，回道："小姐啊，我慌张的是样子，你慌张的是哪里呢？你可以藏心，干吗不把眼里的光也藏了去哦？"

"快来给我研墨，不然我扯了你的嘴。"李清照装模作样地举起手，但很快就放下了，然后接过了丫鬟递过来的笔。

雪里已知春信至，寒梅点缀琼枝腻。香脸半开娇旖旎，当庭际，玉人浴出新妆洗。

造化可能偏有意，故教明月玲珑地。共赏金尊沉绿蚁，莫辞醉，此花不与群花比。

——《渔家傲·雪里已知春信至》

梅花，独天下而春，列十大名花之首，能与松竹并肩。

以梅自比，是一种自信，也是对有些言语的回击和睥睨。花傲雪，花独自疏影暗香，自成不世的风流和雅致，不与别花相比，又有什么花可比？

李清照这并不是恃才傲物，人家那是真有才，无论何时，从来都是这么自信，就算在姻缘上也是如此，那些情感的文字里虽然有怨有恨，但从来不带一种焦虑，字词之下都是稳稳的期待，一种对那个该来的人一定会来的执念。

怨尤也好，欢喜也好，等待也好，她，都有那来自自信的静心。

林黛玉伤春，将那花瓣儿慢慢地扫了，那一句："侬今葬花人笑痴，他年葬侬知是谁？"自恋又自艾，活脱脱将心底的悲观和自卑和盘托出来了。

许多的女子都是拿了团扇的，风情是有，羞涩是有，但也只是菱花镜似的自怨自艾的物件，形有慌张，神也慌张。不似李清照手拿折扇，心中也藏千千节，但敢哗的一声展开，将一切交给风来表达。

她具有男人的风采，举手投足间，将爱把握在自己的掌心里。

果然，好消息就如愿而来了，踏着那雪，惊惊艳艳，如那红梅绽放，亮了庭院，亮了她的女儿窗。

第三章 人悄悄，月依依

有人来给女儿提亲，李格非自然是要好好招待一下，更何况登门的是故交好友。一杯一杯的茶，虽然喝到了最浓香处，可是有些话还是要虚虚实实地应付一二。女儿的婚事，是要好好斟酌的，若一点不谨慎，岂不误了她的一生。

李格非和赵挺之，虽然是老乡，但不是世交，平素里出入朝堂还总有些别扭，因为他们各自处于新旧两党的阵营之中。好在那时"两党"之争并不激烈，两人又不是各自派系之中的首要人物，在这一点上，李格非并没有太多纠结。不过，他对赵挺之的人品不太欣赏，很多朋友似乎对赵挺之也有看法。

正在李格非犹豫的时候，夫人王氏说了一句话："以我来说，我更注重他家孩子的品德，这才是决定咱女儿未来幸福的根本。"

这话让李格非定下心来。

李格非是很了解赵明诚的，那绝对是个德才兼优的好孩子，而且他也隐隐约约地感觉到，女儿李清照诗词里那个少年的影子，应该正是赵明诚。其实夫人王氏也悄悄探问过，尽管女儿的回答闪烁其词，但意思也已经很明了。他欢喜，夫人欢喜，女儿也欢喜，一切不必再权衡。

议亲，定亲，终于也商定了成亲的吉日。宋徽宗建中靖国元年（1101）的三月，在那一个惠风和畅的日子，赵明诚和李清照喜结良缘。

这年，他二十一岁，她十八岁。红烛高照的喜房里，红盖头揭起，本就相互倾慕的两个人，终于圆了心中的相约，不是梦中，又似梦中。

天地间有太多太多的错过，让那海誓山盟成了空，让那男情女意付了风。可他们，就这样花好月圆地，喝下那心心相印的合卺酒。

果然是造化偏爱，岁月成全，在最好的年华里，遇见了最好的彼此。如此良缘佳偶，在那老旧的时光，足以惊艳大宋的京都。更何况她有诗词之才，他有金石之爱，从此窗前弄双影，门开并蒂情，心相印，身相随，让谁人不赞是一对神仙眷侣？

那时，赵明诚还在太学读书，也就不能时时陪在李清照的身边。人说，小别胜新婚。这样的别离不仅不影响他们之间的感情，每每赵明诚回来，两人却更加亲近。一个宠，一个娇，只恨不是青梅竹马的早相识。

花朝节，也叫花神节，由来已久，可以追溯到春秋时期，到了宋代，达到了兴盛的极点。《东京梦华录》中这样记载："是月季春，万花烂漫，牡丹、芍药、棣棠、木香，种种

第三章　人悄悄，月依依

上市。卖花者以马头竹篮铺排，歌叫之声，清奇可听。晴帘静院，晓幕高楼，宿酒未醒，好梦初觉，闻之莫不新愁易感，幽恨悬生，最一时之佳况……"

南宋的时候，国力已经大减，虽然山河动荡，民生萧条，但人们的爱花之情依然不减，所以陆游说："小楼一夜听春雨，深巷明朝卖杏花。"我们都知道，陆游曾和表妹成亲，那本是一场好姻缘，却被母亲生生地拆散，这成了陆游一辈子的殇。而这诗句是明快的。

卖花担上，买得一枝春欲放。泪染轻匀，犹带彤霞晓露痕。

怕郎猜道，奴面不如花面好。云鬓斜簪，徒要叫郎比并看。

——《减字木兰花·卖花担上》

李清照写这首词的时候，正和丈夫赵明诚新婚燕尔，你侬我侬。

作为诗词才女的李清照，那是更爱花的，花朝节里怎么可能不出去看看，出去了又怎么能空手而回？可是新婚不久的她，哪能够随意远走呢，好在墙外正好传来叫卖鲜花的声音,她便和丫鬟悄悄地出去。街的那端,卖花的人刚刚要折到另一个巷子,丫鬟急忙高声地叫住。

那些鲜花都还带着露水珠呢,每一枝都那么美,小丫鬟挑来挑去,最后选了开得最盛的一枝,李清照却摇摇手,指向了那花担上另一端,那是一枝含苞待放的花。

此时的李清照买花,可不是那"新愁易感,幽恨悬生",她是欢喜,她是心跳,因为赵明诚要从太学回来了。她买一枝花,插在发髻上,是想问问那书呆子,是这花美,还是人美。

这女人的娇嗔,比花朵更娇美,比那花香更醉人,总在那闺房里悄悄地绽放。

这样的嬉闹,让情感花开点点,让日子涟漪层生。她清心相照,他明心有诚,两个人的世界锦绣遍地,是那起起伏伏的青山绿水。

"好看的皮囊千篇一律,有趣的灵魂万里挑一。"世界何曾缺过美,但花开的心却最是难求。李清照的确有才,但更有爱的机智,帘布后,书架边,花影里,她总是藏了身,然后让丫鬟说是夫人不见了,唤赵明诚来寻。赵明诚自然知道是李清照耍心机,明明窥见了李清照的裙衫,却依然装作着急的样子四处探看。

第三章 人悄悄，月依依

爱，有时候不要太精明，而是要几分如此傻傻呆呆的小糊涂。

赵明诚的宠溺，让李清照更多了几分小放肆，那一日竟然扮了一个青衣小帽的男子，在放学的路上逗弄丈夫。那粗腔粗调的声音，赵明诚一时竟然被唬得一头雾水，待他看到了衣裤下的红绣鞋的时候，这才恍然大悟。他一把拉住李清照的手，哈哈大笑着往家里扯，惹得那看门的老仆人摸不着头脑。

长街长，他和她同行；短亭短，他和她共坐；一问一答，一唱一和，笑声里有韵律，温柔里有平仄。如此形影相随，夫复何求？

4. 却对菱花淡淡妆

岁入姻缘，年华静好，两颗曾经怦怦乱跳的心，有了同一个频率，同一个节奏，同一个曲调，哪还有伤春悲秋？花开是欢，叶落也是欢，就算是苍茫茫的风雪里，也会走出一步一蝶舞的好姿态。

青春的梦，实实在在，却又宛如在梦里。

这该就是今天人们说的蜜月。人生，实则从这一刻开始井井有条，早起，听旭日敲窗；晚归，见炊烟有香。

李清照和赵明诚也入蜜月，但不止一月入蜜，而是天天享尽入了蜜的欢甜。一个去了太学里读书，一个捧了诗词在家安心的等候，待归来，相依而坐，说说窗前那些浓浓淡淡的竹影，聊聊古人那些悲悲欢欢的事，当然也叙叙彼此。

说起当年那些星星点点，甚至说起花园秋千边的遇见，赵明诚笑李清照那慌慌张张的闪躲，笑她羞羞答答的回头。

李清照也就恼了，说是只怪赵明诚太过莽撞，太过失礼，于是便伸手扯了丈夫的耳朵。赵明诚连连求饶，直说都是自己的错。李清照却不肯罢手，手中更重了，附在赵明诚的耳边轻轻地说道："那天，为什么不帮我一下，把掉落的金钗捡起来？"

捡起来，那将是别样的花开。

如此一声嗔怪，房间里一片香气缭绕，是一阵丝弦的叮咚……

这是月亮和泉水的情话，这是白云与青山的缠绵，这，就是李清照和赵明诚的日常。

李清照是诗词中人，那情感是风一吹就荡起涟漪的；而赵明诚是深迷文玩古物的，那心思是雷打也坚定的认真。如此这样的两个人，是如何做到夫唱妇随的，这里大抵是有爱

第三章　人悄悄，月依依

屋及乌的情怀在里边吧？

被时光打磨了百年又百年的旧物，在他们一同敲击和摩挲下，有了不一样的美。赵明诚的心里有了诗情，李清照的诗里多了质感，两个人渐渐相互影响，喜好渐渐也相通相融。

曾经有一则趣事，大抵是说他和朋友相聚，大家总是说他夫人的词写得真是好。作为一个男人，赵明诚是很要面子的，而且也很是不服气。于是，赵明诚这个金石学家，也开始悄悄地写诗填词。这，不正是受到了李清照的影响。

其实，这绝非是赵明诚对夫人才华的妒忌，他也苦苦用心于诗词，想来是为了与李清照更好地比翼双飞。

李清照在《〈金石录〉后序》里写道："余性不耐，始谋食去重肉，衣去重采，首无明珠翠羽之饰，室无涂金、刺绣之具。"为了这些金石古物，李清照甘心如此素淡无彩地生活，足见她心中喜爱之深。以她的性格，可不是嫁鸡随鸡、嫁狗随狗的苟且之人，更早的时候，李清照对文玩古物，应该是早就喜欢的，只是在赵明诚的影响下，更加倾心于此了。

这些古物，不浮不躁，的确值得人们用心眷顾。

藏古的大家，绝非行止呆板、思维僵化的人。别的不说，同在宋代的欧阳修，也专注于金石学，那不也是诗词文章处处风流的一代文宗吗？

怀古更有深意，专注于金石的赵明诚，与前辈欧阳修在这门学问上都有开拓之功，金石学也被称为"欧赵之学"。

有了共同的爱好，李清照和丈夫的生活那是相当融洽，每每赵明诚读书稍有闲暇，他们就携手入街串市，去淘些古物。

金石学，原本是指对青铜器和石刻碑碣的研究，可赵明诚的喜爱可不只是如此片面，对老瓷、古书、旧画等等，都是入心入迷的。这，应该也是受了李清照的影响。想那年他在大相国寺遇到那位卖古玉瓶的老者，知道老人家中有难，只是重金资助了老人，并没有买下，大约是因为当时对这类物件还不太上心的缘故。与李清照结成夫妻后，这才对众多的文玩都喜欢上了。

李清照夫妇二人，渐渐成了汴梁城业界里的红颜侠侣，再加之他们有仁有义，从来不欺不诈，良心待人，所以，他们行至各处，都深受欢迎。文玩商家或商贩手中每有难得一见的好物，总是先留给他们，这使他们收集的各种老旧文物，逐渐爆满于厅堂，致使手中银两不足，有时候，不得不以金银细软之物置换。遇到特别稀罕的物品，甚至以衣物抵押。

说到衣物，想来赵明诚那些男人的服装，是值不得多少

第三章　人悄悄，月依依

钱的，抵押的恐怕都是李清照那穿织金银线、饰有珠宝的衣服。两个人为老物件痴狂，也是为爱痴狂。尽管如此倾囊而出，毕竟财力有限，也时有与喜爱的东西擦肩而过。一错过，怕是再难遇见，这样的遗憾，常常让他们夫妻二人相对感伤，唏嘘不已。

《〈金石录〉后序》里还有这样的记载："尝记崇宁间，有人持徐熙《牡丹图》，求钱二十万。当时虽贵家子弟，求二十万钱，岂易得耶？留信宿，计无所出而还之。夫妇相向婉怅者数日。"

这意思就是说，崇宁年间，曾有人拿着徐熙的一幅牡丹图，来到府上，想换得二十万钱。二十万钱，就算是富贵人家，也不可能轻易拿得出手，这对于赵明诚夫妇来说，更是勉为其难。可他们实在是太喜欢这画了，也就要求宽限几日。李清照和赵明诚有极好口碑，卖家倒是极其信任他们，便答应将画留在他们手中。

那画，打开又卷起，卷起又打开，李清照夫妇稀罕了多少天，但实在是凑不起钱来，只好忍痛退还给了卖家。为这事，两个人伤感了好多天。

徐熙，南唐布衣名士，被称为"江南花鸟画之祖"。据说，宋太祖见到徐熙所画的安石榴后，赞道："花果之妙，吾独知有熙矣,其余不足观也。"徐熙的花鸟画作,在宋朝极受欢迎,业内行家纷纷赞叹:"神妙俱全,舍熙无矣。"

徐熙虽然是一布衣名士,但多有志节,南唐被破国后,他毅然决然随后主李煜赴汴梁受难,为保主人性命,他强颜欢笑,提笔画风月,铺纸弄丹青。后来,大约是在李煜被毒身亡后,他也慷慨而去,以命化作了这重重的落笔,留下了翩然于世的身影。这让徐熙的画作更成为人们的珍爱,大家再来看他的水墨淡彩,也懂得了那里藏着高迈之气。

徐熙的画作,本来就不多,如今都一一散佚在历史风雨中,让我们再也看不到他那于轻描淡写中尽显风骨峥嵘的笔墨,这实在是一种遗憾。

那时的赵明诚夫妇也遗憾,那样的名画只在他们眼前昙花一现,从此不见其影踪,怎么能不难过呢?事实也正是这样,他们再也没有遇到过徐熙的画。

遗憾虽然有,可李清照和赵明诚的生活,更多的却是情怀优哉游哉,进有并肩于街衢同行,退有闺房里的私密之语,一处一情趣,一处一风雅。

晚来一阵风兼雨,洗尽炎光。理罢笙簧,却对菱花淡淡妆。

第三章　人悄悄，月依依

绛绡缕薄冰肌莹，雪腻酥香。笑语檀郎，今夜纱厨枕簟凉。

——《丑奴儿·晚来一阵风兼雨》

傍晚的一场风雨，散尽了炎热之气。此刻时光，是如此不可错过的良宵。这时候，弹什么曲？唱什么词？李清照把手中的乐器收拢好，对镜子化了个淡妆，着轻衣薄纱悄悄走到丈夫面前，细细地笑道："今夜的玉枕竹席，一定很凉爽呢。"

如此，是难得的闲与静，是难得的她与他。

此词，再惹是是非非，说不该将夫妻的撩逗之语，收入平仄之句，实在太伤风化。也有人说，这不过是别人的伪作，是假以李清照之名，的确，有些文集里，也就剔除在易安词之外。

情怀人读情怀，荒唐人读荒唐。这样一首夏夜的一帘幽梦，是多么生动鲜活？其白描之句的勾画，传神传情传真，让一个有趣有爱有娇羞的少妇，若隐若现地款步于烛光之中，活灵活现地浮现在诗词之中，哪有浅薄？哪见轻浮？

良辰美景，情话尽佳话。

第四章
一种相思,两处闲愁

1. 梧桐应恨夜来霜

在我们看来,草木生来自在,古今多少人,痴念着隐入这草香木香之中,不问世事喧嚣。当然,常人总离不开红尘的,也就在房前屋后栽花种草,似乎这样可以让那颗心得到些许的安慰。

靠近草木,就亲近自然,就可以无忧无虑地尽享阳光,尽可以与月色共入浪漫。但我们如果与草木亲近之后,再拉开距离去思索这些草木,才明白为什么一切都在日月纵横的网格之中。那黑白的光影赋予草木枯荣，赋予我们生死。

四季如歌，草木或者我们，是这歌中注定了的高舞或低飞，草和木，男人和女人，都无法逃离。

我想说的是，这些有迹可循的规律，草木和我们都已经坦然接受。"昨夜西风凋碧树，独上高楼，望尽天涯路。"叹息归叹息，但是深深懂得这是无法改变的，所以只能登高望天涯。最让人难以释怀的是，突来的狂风骤雨，乱了丛草，摧了林木，若人生如此，当真不可收拾。

霜降，虽然是明确的时令标签，让人有一个心理准备，但霜真正的到来，而且是无可预知的到来，于昨夜突然的一场降临，还是让草木猝然成殇。我们呢，也是措手不及。

李清照和赵明诚婚后的生活是幸福的，但是这种甜蜜的日子持续了还不到一年，两人的心中就有些隐隐不安了，他们已经听到了隆隆的雷声正从皇城大门传来。

朝廷的大堂上，从来不是风平浪静的，那些出出入入的臣子，总是小心翼翼地察看着帝王的脸色，稍有不慎，就有可能大祸临头，若只被贬了官事还小，常常是被扒了朝服，再连累了全家。

让李清照和赵明诚最初感到不安的是，双方的父母不再提及对方，若他们夫妇二人有意或是无意地问起一句，得到

第四章　一种相思，两处闲愁

的回答往往支支吾吾，如果再深问一句，那嗓门立时就提高了："你们还年轻，哪懂得了国家大事？"

国家事，哪有小事，哪怕朝堂的风吹草动，就足以让一个人身败名裂，甚至是身首异处。当然，皇帝再御笔一挥，也可以成就一个人和他全家的荣华富贵。

李清照和赵明诚心中生了忐忑，看来一切不会简单，完全是一种山雨欲来风满楼的样子。他们紧张地四处打听，终于明白，原来是新党、旧党之争越来越激烈了，已到了剑拔弩张的程度。或许只帝王一个眼色，朝堂上就是一片刀光剑影。

在宋朝，朋党之争由来已久，大约起于宋真宗时期，到了宋真宗的儿子宋仁宗赵祯掌天下的时候，林立的派系渐渐形成了"旧党"和"新党"两大集团。再以后，尽管龙椅上的皇帝几易其主，但是朝堂下臣子们的争斗却从没停歇过。

当端王赵佶披上龙袍，他那文艺的心还在，总想一碗水端平了，在新旧党之间施以平衡，做到不偏不倚，为此，宋徽宗甚至改年号为"建中靖国"，意思是"以中和而立政"。可双方的矛盾并没有因此缓解，却更加暗流汹涌，大有愈演愈烈的趋势。

在这场争斗中，以支持王安石新法为名谋取自己政治资本的蔡京，博得了宋徽宗的信任，自此，新党占了上风，旧党开始被清算。一场史无前例的风暴，就此于崇宁元年（1102）在朝堂骤然而起，将元祐年间支持废除新法、恢复旧制的一众大臣定为"元祐党人"，并勒石刻碑，将他们的名字一一阴刻其上，立于端礼门外，碑上所有健在的，将不得"在京差遣"。

苏轼为旧党的主要成员，是当然名列碑刻之上，李清照的父亲李格非作为苏轼的弟子，本就被认定与"元祐党人"有瓜葛，可他却不肯与苏轼撇清关系，也就在第二批元祐党人名籍中高列第五名。

在这场风雨中，赵明诚的父亲赵挺之，却是步步高升，一度登上了宰相的高位。史料记载，赵挺之最初入仕则是由"元祐党人"刘挚举荐的。刘挚当时被列入第一批"元祐党籍"的第五位，远比苏轼排名高。按说以赵挺之与刘挚的关系，怎么会在这场政治风雨中逆势上扬？这不得不归咎于他的"人品"。赵挺之远不是像李格非那样有品有节的人，他见时势不妙，马上见风使舵，倚附蔡京，积极排挤、打压和声讨"元祐党人"，一时间，成为"新党"阵营中的得力干将。

赵、李两家，原本门当户对，如今竟然势同水火。

这突如其来的变故，让赵明诚不知如何是好，左右为难，毫无主张。李清照是悲伤的，因为她看到了自家门庭岌岌可

第四章　一种相思，两处闲愁

危，看到了父母和弟弟今后日子的艰难。同时她又是非常庆幸的，毕竟赵家未受牵连，甚至门前人来车往更加热闹了。公公赵挺之的朝服，也换成了更鲜亮更有气势的样式。

那时，她觉得赵家的强势，也许这是李家能够保住京城的门楣，甚至父亲李格非会依然行走在皇帝身边的资本。李、赵两家毕竟有她和赵明诚的姻缘相牵。是亲三分顾，赵挺之怎么也不可能袖手旁观。

她把她李家消弭这场灾难的可能，完全寄托在了公公赵挺之这里。她以为她绣口一吐，就可以让父亲的命运峰回路转。

李清照是让丈夫向公公赵挺之传过话的，可丈夫回转来，再也一言不发，大概是挨了一顿狠批。李清照不懂政治，其实一个二十岁的女子，连人情世故也还不怎么懂，但此时，她也意识到了事态的严重性。可是为了自己的家，和家人不遭受灭顶之灾，她没有别的选择。

李清照轻轻叹了一口气，心底发出了义无反顾的信念，她让丫鬟叩响了赵挺之书房的门。李清照很庄重地向公公行了礼。她觉得这是自己最郑重其事的行礼，她的言语也是最郑重其事的，她甚至被自己的那些言辞感动了。

李清照用了平生最庄重的话语，赵挺之却一言不发，和赵明诚一样的一言不发。

李清照是不会声泪俱下地恳求赵挺之的,她也不是那样的性格,她骨子里没有那样的卑微,她是倔强的,可转身退出门外时,还是悄悄地流下了泪来。李清照的泪是绝望的,但又有一丝期望,期望公公也许会在明天让丈夫捎给她一个好的消息。

回到自己的房间,李清照觉得自己的言语还不够周全,她又给公公写了一首诗,诗中有这样的句子——"何况人间父子情"。这样柔软的句子,是李清照放下所有的清高,向赵挺之发出的祈求。

她要尽她的一切,为父亲解困。

明日,复明日,好消息始终没有传来,李清照知道一切都不可能了。她本是应该忍的,在那旧时,儿媳妇哪有资格在公公面前指手画脚。但她没有隐忍,扯开了大大的纸张奋笔疾书。

李清照写给赵挺之的这首诗,应该是愤怒的、怨恨的、指责的,但到底写了些什么,没有留下详细的记载,甚至连乡野的传闻都没有。赵挺之看完后应该也是愤怒的,他或许没有料想到儿媳妇竟然敢如此冒天下之大不韪,对他这般言语冲撞。他的手甚至有些颤抖,唰唰几下就将那纸张撕了个

第四章 一种相思，两处闲愁

乱七八糟。

或许撕得不够零乱，或许有人将其有意拼接，那诗还是留下了一句"炙手可热心可寒"。

如此一句，是那么凌厉，是李清照对赵挺之深深的责骂：你权势滔天又如何，却是心肠如铁又如冰，没良心，没有人性。

那个"婉约词后"李清照，就如一个横刀立马的勇者，在赵挺之面前怒目圆睁，只是那悄悄的泪水，又透出了她心底无奈的忧伤。

这样的政治风云，如一场昨夜忽至的霜寒，让她那么无助。多少年之后，她站在乌江岸边，再次横刀立马地一吼，怒斥自己的丈夫，怒斥贪生的帝王和无能的群臣。那场山河之战，让她更加无助。

梧桐是栖凤凰的德才之木，却也难耐西风。梧桐向寒，霜叶凋零，那是一个多事之秋……

2. 独抱浓愁无好梦

送别，无论如何都带有某种伤感的味道，深山孤旅，远

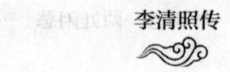

水荡舟,边塞行马,哪怕是仗剑天涯,都会让人牵挂在心,日夜寝食难安。那些欢的别还好,最是那些悲的别,比如赴沙场,比如贬放苦寒之地,这些痛彻心扉的情绪,在那些古老的诗词里,连绵着,起伏着,读来让人如鲠在喉。

别,另一种刀割般的痛。

那是一个寒气还不深的秋天,李清照和母亲王氏,以及弟弟李远,送父亲李格非赴任远方。李格非在清洗"元祐党人"的风暴中,被一降再降,终于被贬出了东京城,到应天任职。应天,也就是今天的商丘。

这是李清照成人以来,第一次真正的送别,她将酒杯高举过头顶,颤声说道:"请父亲大人饮此满杯,前路多保重。"李格非的内心是激流翻滚的,但他强作镇定,将杯中酒一饮而尽,淡然地说道:"清照我儿也多保重,父亲这边你不必挂心,很快就会回来的。"

舟楫声响起,船缓缓地离开了码头,送别和被送的人那看似平静的挥手里,却蕴含着万千滋味。

这次送别,赵明诚没有来,李清照内心没有责怨,她懂得丈夫的无奈。她甚至有些懂了公公赵挺之,这场平地而起的风暴,他似乎是真的无能为力。因为李清照在这短短的时日里,看到了一个又一个家庭,被政治的旋涡吞噬其中。那

第四章　一种相思，两处闲愁

些被牵扯的官员，死的，身败名裂；生的，名誉扫地。

李清照对公公赵挺之在这场争斗中的立场和举止是相当厌恶的，可她还有一丝丝的庆幸。无论如何，她和丈夫明诚还能有这样一个安心的归处。她甚至侥幸地认为一向巧取豪夺、名声不佳的公公赵挺之，哪一天会忽然良心发现，在朝堂上振臂一呼，还被迫害的官员一个公道，也许，父亲李格非的仕途就此有了一个峰回路转的机会。

其实，李清照还真是高看了赵挺之，没能真正了解他的为人，不知京城内外每个身清影正的人，都会自觉离赵挺之远远的。

陈师道是赵挺之的连襟之亲，本应关系紧密。可陈师道正直清廉，从不与心思苟且的赵挺之有任何来往。据说，有一次要参加一个非常重要的祭祀活动，可天气极其寒冷，家里实在拿不出像样的衣服御寒，夫人悄悄去妹妹那里，也就是赵挺之家借了一件皮衣。这皮衣可是价值不菲，陈师道深知自家是买不起的，也就一再追问。当夫人无奈告诉他是从赵挺之家借来的时候，陈师道当场大发雷霆，扔下皮衣扬长而去。令人惋惜的是，因为实在太冷，陈师道"遂以寒疾死"。

这则故事从侧面说明了，赵挺之在人们心中是多么不堪。

李清照的心是善良的,她一直用善良的心看待所有的人,宽恕所有的人。的确,赵挺之虽为很多人厌恶,但他的心底毕竟还有一丝善良的温度,并非十恶不赦之人。在这场政治风暴中,他更多是因为自己的一己之私,不想被罢出朝堂而随波逐流,违背良心地去鼓与呼,他只是起到了推波助澜的作用。而位居更高位的蔡京,才是那个策动者,一切是为了权谋,为了财富的侵吞。

　　宋徽宗,爱尽琴棋书画,这样一个沉溺于文艺的帝王,实在是拿不出像样的治国之策的。他在短短的时间内,几易年号,足见他思想的摇摆不定,审视政治方向的茫然。他是酷爱书法的,其瘦金体也算是流芳历史。蔡京,也有极高的艺术天赋,那也是书法大家。或许宋徽宗正是在与蔡京的笔墨交流中,也就臭味相投了,从而黑白不分,听信他的种种谗言。

　　玩文艺的宋徽宗,偏听偏信蔡京,开始玩火。

　　李格非被这浪涛拍打向了远方,好在李清照早早出嫁了。是的,李清照以为自己能够独善其身,毕竟她和丈夫身处在公公赵挺之的荫凉之下,虽然这是一棵让她深恶痛绝的树。可这有什么办法呢,她一个弱女子,又是那男权至上的旧时候,她也只能默默地为父亲祈祷,祈祷万里无云那样一个好晴天。

　　然而,一切并没有如李清照所愿向好,而是再传来不好

第四章　一种相思，两处闲愁

的消息，李格非被除去了官袍，将被遣回老家，而她也将遭牵连。皇帝连发几道严令，"诏禁元祐党人子弟居京""诏宗室不得与元祐奸党子孙为婚姻"。

李清照也在京城待不住了，她车马萧萧，迎着秋凉，踏上了回老家明水的路。赵明诚洒了泪，李清照湿了衣襟。

草际鸣蛩，惊落梧桐。正人间、天上愁浓。云阶月地，关锁千重。纵浮槎来，浮槎去，不相逢。

星桥鹊驾，经年才见，想离情、别恨难穷。牵牛织女，莫是离中。甚霎儿晴，霎儿雨，霎儿风。

——《行香子·七夕》

梧桐，一种株形秀颀的嘉木。陈继儒在《小窗幽记》这样写道：

凡静室，须前栽碧梧，后种翠竹。前檐放步，北用暗窗，春冬闭之，以避风雨，夏秋可开，以通凉爽。然碧梧之趣，春冬落叶，以舒负喧融和之乐；夏秋交荫，以蔽炎烁蒸烈之气。四时得宜，莫此为胜。

短短几十字，写透了栽梧桐之宜之趣之雅。

古文人深爱梧桐，庭院内外多有种植，不仅仅是因为可引凤凰，寓意富贵的传说，更多是那绿荫之下的这份幽情。

历代文人墨客，都留下了无数关于梧桐的诗词文章。梧桐，宜制古琴，琴有美音，写这梧桐的文字，也皆是美文。

七夕时节，是多少男女的心头欢，更何况眼前还有梧桐，可李清照写得却是如此悲愁。这词是她独在老家，独望秋风而写的。站在飘飘的落叶之中，李清照感叹与赵明诚的别离，也感叹世事无常，如那不定的天气，一阵晴，一阵雨，一阵风，乱了流年。

一枚梧桐叶打在李清照的头上，落在她的心上，让她深深地感叹，这是别人的七夕。

李清照遥望着西南，感觉济南明水与东京汴梁的千里长途，比那银河更宽，比那银河更波浪滔天。她的心中只有可荡在藕花丛中的小舟，无力面对如此迢迢的山水。可那城有她的牵挂，那城有她的他，她又不得不面对，就这样遥遥地望着，一颗心被秋风揉搓来揉搓去，就要碎了。

她的诗词渐起秋风的凉意，渐具秋色的质感，渐向西风凋碧树。不过，李清照此时是初品霜凉，心事还乱乱，还没归简宁。能静下来的时候，那是乱云飞渡之后，那是归去茶

第四章　一种相思，两处闲愁

香之中，那是她和他的青州。

真的，李清照和丈夫的青州不远了，只是她还不知道，此时，她也就在这乱乱地愁了，写那乱乱的愁。还不懂得春冬落叶，夏秋交阴，正是梧桐的"四时得宜，莫此为胜"。

斜阳更斜，夜色四围而来，李清照感觉到了无比的压抑，她怕自己在越来越深的暗中窒息，转身向屋门走去，谁知脚下又踩了一片梧桐叶，她一个踉跄，手无意识地伸起来，却握到了一把凉风。扶她的那个人，原来并不在身边。

闺房里，李清照临窗斜卧，听风听落叶，夜已经很深了，却依然没有睡意。她一再宽慰自己，世间原本有太多太多的真情，被岁月放逐；世间原本有太多太多的圆满，却成一秋乱影。想通了又如何？即便如此，依然不能入睡，她望着摇曳的烛灯又幽幽地吟起自己的心声。

　　暖雨晴风初破冻，柳眼梅腮，已觉春心动。酒意诗情谁与共？泪融残粉花钿重。

　　乍试夹衫金缕缝，山枕斜欹，枕损钗头凤。独抱浓愁无好梦，夜阑犹剪灯花弄。

——《蝶恋花·暖雨晴风初破冻》

不能入睡，不敢入睡，只怕梦里再传来扎心的消息，只好剪弄着灯花，让烛光亮一些，再亮一些，把那黎明最暗的墨黑也熬过去，等那天明。

这词，写于宋徽宗崇宁与大观年间，那时，李清照独在明水，对水照影影憔悴；对月照愁愁更愁。离别，果然是刀，一道一道是心上痕。

3. 探著南枝开遍未

世界，本来就是政治的世界，至少在从前是如此，在当下是如此。

人的思想境界高低，决定了这个世界的清浊，当然，文化的构建让世界一步一步向清澈，以人为本的版块也渐渐大起来，渐渐多起来。这就是文明的"南枝"，花，就在这样向瘦寒的地方次第而开。

这，是赋予人性更美好的光，是赋予世界更美好的光。

旧王朝那时，帝王的喜怒、权臣们的好恶，就是世间的风云雨雪。谁真正考虑过民生，即使是考虑了，也不过是情感偶尔柔软一下，哪肯全心全意为民生而呕心沥血呢？

第四章　一种相思，两处闲愁

那天地，是帝王的天地。

宋徽宗赵佶是没有什么治国之谋的，朝令夕改是他的政治特色。他挥舞着手中的笔，一会儿蘸墨，一会儿着彩，有些任性，也有些随性。大宋一些臣民的"脸谱"，无奈地变换着。投机钻营的佞臣，总是以帝王的好恶，而快速地自涂着脸彩。

乐帝王之所乐，那是他们的头等大事。

皇帝和权臣们自导自演的，往往就是一场人间闹剧。当人们回望历史，感觉那里少了太多认真，少了太多谨慎。帝王们手中印玺的起起落落，看似郑重其事，却往往是那么草率。诏书的宣读，听起来那么掷地有声，却常常是虚张声势。

故弄玄虚的王，虚与委蛇的臣，演绎了一段荒唐，又一段荒唐。明君，终究是太少。

宋徽宗治罪于"元祐党人"，让无数个家庭房倒屋塌，让无数人步履维艰，其实，也让本来就江河日下的大宋王朝，更加摇摇欲坠了。

也罢，若是岁月不荒唐，何来王朝消亡，何来帝国崛起？只是连累了无数无辜的百姓深陷生活的囹圄，徒唤无奈。

李清照是无心的，她一个诗词女子，哪怕才冠千古，也只是想与爱的人共享清平世界。赵明诚也是，他无心于仕途，最大的愿望是一生在文玩里进进出出，与往古对话，点评那些老物件的优劣，校勘历史注解的正误。可是，谁让他们生于两个高门豪府呢，无论如何，还是被硬生生搅进了政治的激流中。其实，每一个在朝为官的人，无不是如履薄冰，都是小心了再小心，察言观色地猜测着帝王的心事，稍不注意，就可能坠入万丈深渊。而朝廷官员的家人们，无不亦步亦趋地跟在他们身后，谨小慎微。

一荣俱荣，一损俱损，这是无数臣子和他们家人的宿命。

李清照因受父亲的牵连，不得不离开京城的家，一待就是多年，据说这期间，也曾回京城与赵明诚短暂团圆，大多是来也匆匆，去也匆匆，更多的时候，她都是在老家明水。

老家的老屋还在，老家的泉水还在，那个由泉水汇聚成的湖水也还在，还有那湖中的藕花和小船，一切都还是童年的样子。风穿过门前的巷子，也常常与她撞个满怀，可是她的心不再是曾经的柳丝，已经不能随风摇荡。她的心是生涩的，是痴滞的，是困顿的。李清照唯一留意的，只是汴梁城的风吹草动。每天，她总是忐忐忑忑地望向那个方向。

那方向，是心的跳动。

少年那时，哪怕相思，却也是羞羞答答地说着相思。如今真的懂了相思，可又说给谁呢？因为她的那个他，在远方。

第四章　一种相思，两处闲愁

那就只能落笔成笺了，以鸿雁传书。

红藕香残玉簟秋。轻解罗裳，独上兰舟。云中谁寄锦书来，雁字回时，月满西楼。

花自飘零水自流。一种相思，两处闲愁。此情无计可消除，才下眉头，却上心头。

——《一剪梅·红藕香残玉簟秋》

锦书谁寄，西楼月冷，相思之情是无法消弭的，人前强打精神舒展一下眉眼，但心头却是更纠结了，一扣一扣难解。

李清照绝不是一个很独的女子，她青春那时的词文里，多有与人的互动，透着活泼调皮的风趣。而再回到明水，一首又一首的词成了自言自语似的，不见了卷帘人，不见了惹她回首的人。

这种自说自话，其实也正是李清照生活的常态。别的不说，她的身边丫鬟是还在的，可她就是不说话，一会儿在窗前坐坐，一会儿又走到树下站站。走向了街巷，也不与谁打招呼，慢慢地踱步向那片湖水。那水是秋的水，那荷是残的荷，她不能回忆童年，她也不想回忆童年，只是在那里发发呆。慢慢地，她又回转来，蹚了那乱乱的梧桐叶走，还是一言不发。

这是多么沉闷的日子,这是多么寂寞的日子。

远方能传来一点消息多好啊,哪怕是只言片语,也不至于如此寂寞无边。她,不知道两人遥遥相望的日子,什么时候才是尽头?

有涯不是苦,无涯才绝望。迷途势如无涯。

屈原迷途,问天天不语,问江江东流,楚国八百年风云,却成了混沌一片,他只能纵身一跳。那是何等的绝望?李煜陷身宋朝,他心中的月亮半明在江宁,半暗在汴梁,江南遥遥再无可看的江月时,他将那"玄机"毒酒一饮而尽。那也是不堪屈辱的绝望。

是的,他们都是国家的大悲愁,李清照的这些情感之愁或许还不能比,但也足够让人难以承受。因为这样的灾难来得太突然,是那么让人猝不及防。好在京城终于有消息来了,尽管是姗姗来迟,尽管那消息平平淡淡的,有些索然无味,多是一些日常的问候,但这已经是穿过那黑沉沉寂寞里的一束光,让李清照稍稍得以安慰。她,脸上有了一丝外人难以察觉的笑意。

李清照翻出好久没动的纸张来,掸去那上面的灰尘,然后重重地磨了一砚池墨。她没有叫丫鬟,她觉得此刻这一切

第四章 一种相思,两处闲愁

应该自己来做,只有这样才能把所有的感情,都一点一滴地融进自己的文字里。

红酥肯放琼苞碎。探著南枝开遍未。不知酝藉几多香,但见包藏无限意。

道人憔悴春窗底。闷损阑干愁不倚。要来小酌便来休,未必明朝风不起。

——《玉楼春·红酥肯放琼苞碎》

或许京城捎来的信笺,真的透露了一些好消息吧,这首词明显地带着一种激动的色彩,字里行间有些昂扬的调子,已经不是初来明水时的那种沉闷和压抑。

事实上,京城是有了些许春风的。宋徽宗对"元祐党人"的打压,不再是最初赶尽杀绝似的那种疯狂了,他的言语里有了些后悔。即便是蔡京问起来,他也只是含糊其词地应付几句。蔡京嗅到了不同寻常的味道,虽然心有不甘,但再不敢肆无忌惮地迫害入了"元祐党籍"名录的人。

东风向暖,这是好兆头,虽然只是些许的暖。

南枝向阳,枝上花先开,若是开遍,那也就轮到背阴处的北枝开花了。

西南方向的汴梁是那南枝，她东北方向的明水就是这北枝了。

李清照为这一点好消息激动起来，独自地念叨着，又似说给远方的那个人听，小酌一杯吧，趁着这梅花开。唉，只是隔了那千里的山水，若是同在一方，必定共邀明月入窗纱，醉一场。

人说，酒入愁肠愁更愁。身在老家的李清照，好久好久没有喝酒了，其实自从她回来就没有喝过。因为那是没有可供喝酒的人，没有可供喝酒的事。今天，她终于可以喝一杯了。

酒，是李清照北方的欢，从少女到中年，尽管遭受过与赵明诚这别离的苦，她依然是遇到高兴的事才举杯。北宋，说来没有太深的悲，她多是可以大大方方地醉，也可以大大方方地醒。醉去一首诗，醒来一首词。

酒，是李清照南方的苦，从中年到余生，南方，实在有太多的难，国破家亡，她心惊胆战地醉，她心惊胆战地醒。醉去一汪泪，醒来一声叹。

此时，因父亲的事而被遣回老家，于李清照的人生来看，也只能算是小小的一劫。

北方无悲，因为很多事都很快散去了；南方有难，因为她到死也没走出那种凄凉。

第四章　一种相思，两处闲愁

自古以来，山河的沉浮，都是民生的大沉浮，无辜也无奈……

4. 蔷薇风细一帘香

人生是一场修行，在颠沛流离中开悟，一念花开，一念叶落，思想就在这浮浮沉沉里凝成琉璃。欢若太多，是我们尚虚；悲若太多，是我们尚浅。但没有谁生来是佛，一入凡尘就世事洞明。其实，岁月要的并不是一尊尊置身世外的菩萨，端坐在生活的两侧，不悲不喜。那些屈心的苦，那些展颜的甜，那些流下的汗滴和泪水，才是时光必需的味道，才是人生该有的味道。

能在历史留下形影的人，哪怕只是蛛丝马迹，那都是有味道的人。世界可以大同，人生不可大同。善和恶的交错与纠葛，正是大千世界。

若人人都说，一切我都看透了，若真是如此，那还有什么意思？

我们去感知未来，但未来从来不会以预料的样子，分毫不差地呈现在面前。这或大或小的差异，或者大相径庭的错乱，你不觉得这就是生趣吗？

人生之趣，就在于人人都在猜，却一直猜不透。

李清照的一辈子，也总旁逸斜出，她自己也没猜到。

想那时，李清照词里词外期盼良人在侧，果然那个人来了，竹影里，正是那"妻子好合，如鼓瑟琴"。谁承想，风云突变，有情人各在南北，隔了迢迢的长路。相思里自然每每期盼向好，已无大求，只愿能团圆，但依然蹉跎一天又一天。以为还会被日子蹂躏很久，谁知，柳暗花明，李清照可以大大方方地回东京了。

那里，百花正好开。

宋徽宗崇宁四年（1105），春风初起时，赵挺之升任尚书右仆射兼中书侍郎，已经达到了宰相的高位，权力之大，权位之高，可与蔡京匹敌。

五月，春风过后，天地更加清明，宋徽宗一纸诏令，解除了"党人父兄子弟之禁"，被政治风暴搞得灰头土脸的李格非，终于在这黎明的光芒里，长长地舒了一口气，有种劫后余生的感觉。紧接着，六月、七月、九月，好消息频频传来，随着对"元祐党人"种种限制的解禁，李格非仕途重现光明，事业上有了大的转机。

李清照也长长地出了一口气。能和赵明诚真的团聚，她

第四章 一种相思，两处闲愁

已经非常高兴了，然而，幸运之神并没有停止靠近他们的脚步，"帝以挺之子存诚为卫尉卿，思诚为秘书少监，明诚为鸿胪少卿"。

赵明诚和两个哥哥赵存诚、赵思诚尽被委以官职，虽然职位不高，但都是不可多得的美差，那便是有闲还有钱。

有了丰厚的俸禄支撑，赵明诚在搜集文物方面，不再捉襟见肘，每有可心之物，大都尽可入手。李清照也是那聪明之人，在一旁观察、打量之下，渐渐成了内行。两人对于古物的把握，更加得心应手，短短几年中，藏宝阁里的物件，"日就月将，渐渐堆积"，其规模之大，已经震动京城诸多方家。如此一来，卖家纷纷慕名而来，赵明诚每逢职务之余的闲暇，不是在厅堂里和来人谈古画说金石，就是和李清照在库房里，将各种得来的物件一一分门别类。

赵明诚其实不是一个贪婪的古物占有者，而是将手中的东西进行系统的研究作为事业。

研究，就需要诸多资料，而哥哥赵思诚恰恰主管皇家文库，这让赵明诚有了足够的条件，借阅那些外人不可多见的重要文物、经典书籍。赵明诚在这浩繁的书卷中，去伪存真，除杂留正，写成自己的见解和著述。其实，这项工作因为赵明诚公职在身，也不可能有太充沛的精力和时间沉浸其中，许多时候，则是由李清照来完成。在这种大量的查阅和抄录中，也进一步提高了他们对文物鉴别的能力，甚至物品来自盗掘，来自私藏等，都能有个极其准确的判断。

相传他们有一次同游相国寺庙会时，忽然有人扯着了赵明诚的衣衫，从袍袖中抽出一幅古画。那是前朝名人的成名画作，赵明诚一直非常期盼，不想就这样突然出现在了眼前，真让他欣喜若狂。只是那人的报价远远低于这古画的市场价值，这让李清照夫妇大为疑惑。忽然间李清照想起曾经在一本书看到过，这画乃大相国寺的镇寺藏品。

寺庙的藏品是极少出售的，如今却流入了市场，这里面必有蹊跷。李清照想若是当面质疑或是揭穿，售画之人必定逃离，这画流落何处将不可知，所以她和赵明诚不动声色，将画收了。

随后，李清照夫妇二人快步走向大相国寺，准备问个原委。当住持看到这画，非常惊讶和震惊，刚开始还以为李清照夫妇手中的必定是赝品。待他看了个仔细，确定是真品无疑之时，实在吃惊不小。谁都知道世间不可能有两幅一模一样的真品，他忽然就疑惑自己庙中的应该是赝品了。当他引着李清照夫妇打开藏宝阁的时候，才发现那画，不知什么时候已经不翼而飞，而且还有其他大量文物也都不见了。

第四章　一种相思，两处闲愁

老住持叫苦不迭，决定彻底查个清楚，不久就查明白了，原来是寺内有不良之人与外部勾结成盗。

李清照夫妇将古画完璧归赵，而且还避免了相国寺更大的损失，老住持非常感激，与二人结成了忘年好友。从那以后，老住持常常邀请他们到寺中赏宝，并一一讲述那些古物的来龙去脉，这令李清照夫妇从中受益匪浅。

若以善为先，很多的事情，就是这样两两成全。

古物，都有时光的倒影，需要有心的人慢慢打理。李清照夫妇，是那有心人。

李清照越来越喜欢这样的事，因为她觉得那些被时间浸泡了多少年又多少年的老物件，在她和赵明诚的打理下，慢慢鲜活起来，那些不易被人察觉的纹路里，会有月光荡漾，会有阳光的流淌，会让人从中看到远方的春暖花开，或者是一个朝代的兴衰，或者是一个人的喜怒哀乐，甚至可以听到一缕风吹过某户人家窗前的声音。

大有小精微，小有大展示，这是多么有趣的事情？

这些，也是赵明诚的感知，一开始的时候他也并不是单纯地为收集文物，而是想做点什么，如今他思路整理清晰了，那就是应该写一部书，细细描述他这些心爱之物的前生今世，甚至追忆一些消失在历史长河中的旧物的生与死。

这一切，也是历史，是历史里另一条脉络。

他决定撰写一本《金石录》，李清照也兴致勃勃，为他研好了墨，铺展好了纸张。

汴梁城的时光，那时是清澈的，李清照和赵明诚的日子，是清澈的。一帘蔷薇挂在风中，那帘影里，是两个情投意合的人。那风是微风，那影是淡影，那人是泼墨弄茶的人。他们期待岁月从此是这样的温柔以待。

时光真的就是这样待他们。赵明诚的父亲赵挺之，虽然因健康原因，主动罢相，但被皇帝给了有名有利的虚职，继而又被赠予豪宅。李清照夫妇也随之搬进了这宽敞住地，而他们挚爱的文玩金石之物，也有了足够的地方存放，摆放起来也就更加有序了。这，更利于他们研究。

李清照的父亲李格非那里，也传来了好消息。新年刚过，也就是崇宁五年（1106）初，朝廷再颁圣旨："复谪者仕籍，自今言者勿复弹纠。"紧接着，在正月十五之前，宋徽宗再做决定："赦天下，除党人一切之禁。"三天后，皇帝又下诏令，凡是崇宁年间因党争之事受牵连的大小官员，死了的补以抚恤，为其正名；还健在的，将重新起用，授予恰当的官职。

据史料记载，李格非没有回到京城，大约只接受了地方的一个闲职。他本是一个恬淡的人，经过这场政治风暴的洗

第四章　一种相思，两处闲愁

礼，他更加看淡了荣辱，再也无心于官场，更喜欢在一竹一幽径中漫步了。

他，越来越像竹子，一节一节，更老成，更清明，已经入了修行的更高层。

更年轻的李清照和赵明诚，还在修行的路上，努力着，贪欢着。

历史，何尝不是一群修行者与另一群修行者的接力？清清浊浊，就是这人间。

第五章
何须更忆,泽畔东篱

1. 花自飘零水自流

时光向好,日子向暖,谁不期盼都是这样的好光阴?然而,即便春花也将败落,即便泉水也将远走,所谓的岁月静好,只是一厢情愿,或者说只是精神的烟雨,没有什么是一成不变的。

不是吗?有了海枯石烂,才有了沧海桑田。

向上的,可以高歌;向下的,终至低吟,然而,越是低吟的时候,越能听到我们自己的内心。但不管怎么说,都要面对，都要好好面对。一瀑流水几个纵跳，几多曲折，这才有了见识大海的机会。

世间所有善与恶的人，都有颠簸，但归途各有不同，有的人终于一抔土，有的人终于一通碑；有的人终于野草，有的人终于劲松。

李清照和赵明诚，虽然还很年轻，但分分合合遭遇了不少情感上的挫折，尤其是李清照，心灵上受到的冲击更大一些，但相较于她的长辈，那还是没有什么可比性。

那些他们，才是真正地在时光的流水里沉沉浮浮。

李格非自不必说，因老师苏轼被朝廷重用，他从偏远之地的一介无名小官，被召进京城，行走在朝堂之上。

那一年是元祐元年（1086），就在前一年宋神宗赵顼驾崩，年仅十岁的赵煦被簇拥着穿上了龙袍。他，毕竟是一个孩子，哪懂了山河之谋？于是，太皇太后高氏垂帘听政。她，是一个反对王安石变法的人，只是神宗在位，任她如何苦口婆心，也改变不了赵顼的独我识见。如今机会来了，高太后迅速将在熙宁变法中遭受排挤的司马光等大臣，一一召回了京城。王安石变法刚刚构建起来的框架，迅速土崩瓦解。

那一年，在黄州苦熬了多年的苏轼，从犯官一跃成为朝中要臣，而李格非也入京被提拔为国子监"太学录"，继而又

第五章 何须更忆,泽畔东篱

升为"太学正"。

高皇后毕竟是年事已高,在幕帘后指点江山八年后,终于驾鹤西去。十八岁的宋哲宗刚刚独掌天下,就彻底否定了太后奶奶的种种国策,元祐年间被重用的一批人,再次被放逐远方。苏轼也由此被贬惠州,然后再向儋州。宋哲宗元祐三年(1088)春末,天下大赦,一代文学大师,在归来的途中卒于常州。

在这场政治激流的浪奔浪涌中,李格非算是幸运的,没有被席卷而去,侥幸在京城站住了脚。然而,躲过了这一浪,那一浪又来了。八年之后,他还是受到"元祐党人"的牵连,又因不肯污恩师苏轼的名节,而被打入了另册。又经过几年的放逐,他再次浮出水面,这才可以好好喘一口气。

赵挺之呢,原本与"元祐党人"有着直接的牵连,可善于巧言令色的他,闪转腾挪,成了浪尖上舞蹈的弄潮儿,登上了权力的高峰。如此,却惹了蔡京不高兴。紧要关头,赵挺之再次以退为进,罢相而去,避开了蔡京的锋芒。

宋徽宗赵佶,的确是一个文艺天才,但在政治上却是一个十足的雏儿,朝纲可谓朝令夕改,一切全无定式,甚至好恶飘忽。原本在他龙书案前最为受宠的蔡京,忽然就入不了他的法眼,被罢黜了,重新起用了赵挺之。

不管山河颜色如何变迁，历史的激流依然滚滚向前，其实，那些凋落的和暂时还没有凋落的，都将在这激流中沉浮，而最终扑地成泥。

岁月之水，从来都是泥沙俱下。

先辈的沉浮，也让李清照和赵明诚在生活中起起伏伏，深受震荡。

随着赵挺之再次入相，重回权力巅峰，赵明诚是欢喜的，在为父亲贺喜的宴席上，他和两个哥哥，陪着赵挺之和诸多客人频频举杯。歌舞，美酒，亮如白昼的厅堂，使那夜的赵府通宵而欢。

蔡京倒了，还有谁能将赵挺之推下高位？

蔡京的确应该倒，身在高位，却不谋国事，不谋正局，实在是十恶不赦。这自然招致朝野上下很多大臣不满，就有人暗地里常向宋徽宗陈述他的恶行。一个叫陈东的太学生，更是列出十四件大事，来痛斥蔡京的种种罪行。宋徽宗向来唯蔡京为国家导师，对其可谓言听计从，但这次看到了陈东的谏书，细细琢磨，觉得蔡京的确是太过张狂，有些时候似乎连他这位皇帝都不放在眼里。恰恰那时天上有彗星划过，宋徽宗认为这是不吉之兆。那时，蔡京权势如日中天，正是一人之下万人之上。

第五章　何须更忆，泽畔东篱

向来优柔寡断的宋徽宗，这次倒是有些快刀斩乱麻的意思，当即御笔一挥，罢了蔡京的宰相之职。又御笔一挥，复了赵挺之的相位。

朝堂上本就波谲云诡，朝三暮四的宋徽宗赵佶，更是起到了推波助澜的作用。

赵挺之复相，那是赵家的大事，好好地庆祝一番那是应该的，看着前院不眠的灯火，身在内院的李清照，虽然心中也微有波澜，但脸色却是平静的。此刻，以她对酒的喜欢，喝上几杯，小醉一下，那是正常的，可是她没有，她要等赵明诚从前厅回来，不仅仅是为了侍弄可能醉酒的丈夫，更是想告诉他，一切还没有定数，一切本没有定数。

花开花落，看似有序，却又暗藏无常；流水潺潺，看似向东，却又九曲回环。任何人命运的方向，从来都不是直线。

几经风雨，李清照这个最性情的女子，却是这么理智。理智得就像一杯不言不语的酒，表面的平静里，却是内藏山河；理智得就像那些经了千百季节轮回的古物，藏前世的静，纳今生的思。

李清照是那么心境淡泊，又是那么世事清醒。

蔡京倒下了，赵明诚的父亲赵挺之也算是倒下过，而她的父亲李格非更是倒下过，起起伏伏原本就是官场常态，谁能笑到最后，不好说。凡事都要谨慎，要知道世事难料。

灯花一拨又一拨，他还没有回来，李清照不知不觉斜卧在床上睡着了，迷迷糊糊中她做了一个梦。醒来，天色已经大亮，那梦已经记不真切，只隐隐约约好似看到了一场大火，一片楼阁在大火中迅速化成了灰烬。那是谁家的楼阁呢？几分熟悉，又有几分陌生。火的远方，一个身着宰相服的人在那里狰狞地笑着。她不知道那人是谁，一脸奸相，是那么惹人厌恶。

大火过后，那灰烬却倏忽不见了，展现在面前的，是一片青青的山，一片青青的水，一座青青的城。这是哪里的山水和城郭呢？李清照觉得没有见过，可又觉得说不出来的亲切。那城门里出出进进的人，衣着是老家人一样的衣着，话语是老家人一样的话语，可是又一个也不认识。

她，喜欢这梦中的这城。

赵明诚终于回来了，虽然是一夜的狂欢，他竟然还没醉。李清照将自己的梦慢慢说给他听。赵明诚沉思了一下，说："这是吉兆，火是重生，水是财运。父亲再登相位，那不正如凤凰涅槃重生吗？他人高官，自然高俸禄。"

李清照听了丈夫的说辞，先是点了点头，继而又摇了摇头，问道："那火的远方狂笑的人呢，又是谁？"

第五章　何须更忆，泽畔东篱

"那个，那个。"赵明诚忽然俯在李清照的耳边，低声说道，"或许是那个倒霉鬼老蔡吧。"

"他为什么是笑，应该是哭才对。"李清照疑惑着，还想说些什么。赵明诚或许太累了，已经侧身躺了下去。她，再没开口。

李清照梦的疑问，终于没有得到想得到的答案，她心里隐隐有些不安。其实，就算解得了此梦又能如何呢，谁又能解得了命运的安排？

其实这是一个劫，又是一个福。人生，本就是这样福祸相倚。

其实她不知道，当然赵明诚也不知道，他们不久将归于一泓清澈和宁静。山东的确有座那样青青的城，离她的老家不远，离丈夫的老家也不远。那城，四围是那一片青青的山，一片青青的水。在那里，他们将开启最安详的一段人生，无波无澜无风雨，茶香书香两相宜，青青亦青青。

2. 晚风庭院落梅初

  风擦身而过,似乎和我们没有什么关系。其实,风一直在,比如那飘舞的裙裾,比如那摇曳的花草,比如古诗词里那些斜风细雨的美好词句,都那么轻盈地拂过我们的心间。

  风,并不总是这么风花雪月地浪漫,那些风云激荡、风起云涌、风云突变,是不是一下子就让岁月陡起不可言状的变故?这可能是帝王的山河改弦易辙,也可能是百姓屋宇的分崩离析。如此,谁还可以说风的来往是可有可无的?谁还可以说风只是岁月里轻描淡写的虚空?

  风,一直与我们同行,也与世界同行,这是众生不可忽视的禅!

  禅悟,未必在一杯茶里,未必在一炷香里,或许就在无意间对风中落叶的一瞥,或许就在刹那间对风中斜草的凝望。

  一怔之间,风刀霜剑。

  李清照的词,最大的特点是以白描写生活,轻轻地几笔勾画,就是一幅闲适的自在图,就连她那些相思,那些浓愁都是如此。但仅仅这样读李清照的文字,那实在太肤浅了。其实她的诗词是有禅意的,那些看似淡淡的文字,是有深意的,尤其是父亲李格非遭受了"元祐"之伤后,她的笔墨还

第五章　何须更忆，泽畔东篱

是从前一样的行走风格，还是那样的轻描淡写，但是让人隐隐感觉到了她腕间暗起的力量。

李清照的情感，看似是明明地展现。看吧看吧，一颗女子的心就是这样无风无雨，酸是酸，甜是甜。其实她是擅长藏的，藏了风藏了雨，那是可以于无声处听惊雷的。

二十三岁的她，经了那惊雷，也就有了禅。

禅，就是一种藏，有时候是一种预感，是一种自我警示。这样才能让那些突然而至的风雨，都在预料之中。

这就是禅，让人心定的缘故。

在赵家宽敞的宅院里，上上下下的人们都在欢呼，都是那么亢奋，只有李清照安静，很有那种"世人皆醉我独醒"的意味。她觉得这风雨过后的宁静，也许是暂时的，或许新的风暴正从远方逼近。

"桃开梅谢，达士悟其无常。"命运，本无常。

是的，蔡京倒了。可是一个当年混进王安石变法队伍的投机钻营的人，经过多年处心积虑才混上高位，他又怎么会甘心退出政治舞台？他一定在蓄谋新的奸计，期待那卷土重来。

蔡京能位列"北宋四大贼臣"之首，其心思的诡诈自然是少有人比的。看着在朝堂上志得意满的赵挺之，他一定正在暗地里咬牙切齿。昨天，他蔡京还趾高气扬地走在汴梁的大街上，一路都是奉迎的话语和掌声，如今，他却灰头土脸地扑倒在一边，被人嘲弄和鄙视着。如此大的落差，一个心高气傲的弄臣怎能承受？

这些，李清照觉得自己的丈夫赵明诚是没有想过的，公公赵挺之有没有想过她不知道。能坐上高位的人，还是应该有相当的谋略的，也许是想过的吧，也可能这些念头只是一闪而过，想得不够深刻。

在赵挺之这里，他认为宋徽宗于他自罢相后，短短的时间内重新起用了自己，那是皇帝对他非常看重，而同时罢了蔡京的相位，那一定是看透了蔡京，看透了蔡京不堪的人品。一升一降，在皇帝这里，谁轻谁重应该是很明了的。

他，高估了赵佶的政治心态。没有了蔡京在旁拍马溜须，宋徽宗似乎做皇帝都没了滋味。他，低估了蔡京的奸诈。

果然，风雨来了，而且来得那么强烈那么急，根本不给赵挺之再次自我罢官来闪躲的机会。宋徽宗赵佶一个眼色，身边的宦官拂尘一挥，道："罪人赵挺之听旨！"

赵挺之慌忙跪倒。

宦官继续说道："皇上有旨，革去赵挺之宰相之职，即日贬为庶人。"

第五章　何须更忆，泽畔东篱

听到一个"罪"字，赵挺之心头一颤，料想大事不妙，可他没想到会是这样糟，没想到更糟的是，他又听到太监高声道："皇上有旨，请蔡京蔡大人晋见。"

赵挺之被罢了相，蔡京重登相位，一降一升，政治风潮来了一个一百八十度的大反转。

赵挺之终于没有斗过蔡京，一切都太出乎意料。这时的他，预感到没有了东山再起的机会，悔恨自己没能及时剪除蔡京的亲信党羽，可如今什么都晚了。心情沮丧的他，回到家中一病不起，五天后就驾鹤西去。

政治风云的变幻，竟然如此快捷，赵挺之的病亡，也是这么突然，全家人立刻就乱了阵脚，不知道如何是好，只知道痛哭流涕。

赵挺之死后，宋徽宗以国礼对其进行了厚葬。

蔡京无计治国，却有计治人。对于死了的赵挺之，蔡京却不肯罢休，那颗报复的心依然痴狂，一再进言细数着赵挺之的种种不是。很快，宋徽宗改变了主意，他先是收回了赵挺之的"所有封号"，随即又依了蔡京的主意，将赵挺之的亲朋好友，罢官的罢官，抄家的抄家。赵挺之的三个儿子更是不能幸免，也马上被废为庶人，而且被押入了大牢。

宋徽宗大观元年（1107）三月，赵家如落花之败，无可挽留，紧接着在夏天又遭疾风暴雨的摧残。

赵挺之败了，这身后之败更惨。赵家人在这种打击下，没有谁不悲戚，没有谁不惊慌失措。

繁华落幕如花落。赵家，正如落花偏又遇了向晚的风，那真是至暗时刻。

李清照也悲戚，李家的庭院已经荒废在汴梁城的一角，而夫家的府邸可以说也成了一片瓦砾，可她没有惊慌，因为明白世事无常，她也预料到了这暗藏的风暴。一切正如她的词中所说，命运真的是"霎儿晴，霎儿雨，霎儿风"。

七月烈日炎炎似火，赵家没有了那厅堂的遮挡，日子如蒸如煮。可意想不到的是，偏偏蔡京却没有火上浇油，对赵家进行更大的迫害。宋徽宗觉得一切是有些过了，将赵家三个儿子，竟然一一无罪释放了，只是已成布衣之身，未能入职。

无论如何，这都是一缕带有善意的风。

一家人重新聚在一起，除了悲伤，就是叹息。赵存诚不愧是家中的长子，他率先从痛苦中冷静了下来，说道："两位兄弟今后有何打算？"

思诚和明诚抬起泪眼，同声道："一切听哥哥安排。"

赵存诚点了点头，他说他决定继续留在汴梁，发奋努力，

第五章　何须更忆，泽畔东篱

以期为父亲雪耻，为赵家复仇。

赵明诚受了哥哥的鼓舞，本是想留在京城的。李清照却有不同的看法，她认为两位哥哥留在京城，的确是有机会，因为他们都是进士出身。而赵明诚心境淡泊，无意于科考，作为素衣之人，升迁的机会要小很多，不如退隐田园，专心于金石学术，况且这本来就是赵明诚的追求。

心静方可入古，入古更易心静。心静则山水静，那是做学问的好去处。这话，如李清照的白描词，却又是那禅。

风和禅都是虚的，却都是于无形之韵，赋予有形之神。我喜欢读李清照那些溪水一样的词，那些词也值得我们读。那里有风也有禅。

斜阳长亭，兄弟道别。赵明诚拱手向两位哥哥道："重筑我赵家门庭，托于两位哥哥了。"

存诚、思诚拱手还礼，道一声风雨保重。

不是伤别却有伤，多少转身便是经年又经年，多少一别便是再也不见。没有谁能预知命运的长途，没有谁能预见远方的风雨。

若赵家重楼叠榭的庭院还在，又如何会兄弟各在一方？别，总会有牵挂，可一切都是情非得已。赵存诚和赵思诚看着弟弟远去的马车，各自叹息了一声。在他们这里，那马车是向远的，可在李清照和赵明诚这里，那是向近的，因为他们已经标定了自己的归处。

那就是山东青州（今山东青州）。

青州，距赵明诚的老家密州（今山东诸城）很近，距李清照的济州明水老家不远。那里，一定会是一个让他们两人都安心的地方，一切都将岁月静好，正是那也无风雨也无晴。

那里，是梅香铺地的时光，他们的春风日月也就此真正开始了。

3. 花光月影宜相照

一些变故的突然来临，尤其接二连三的恶事，总是让人手足无措。痛了，伤了，累了，这时节，最需要一个可以歇风歇雨的地方。万念俱灰也罢，重整山河也罢，都需要这样的地方。旧时的许多隐士，都有一块这样的去处，花也有，草也有，最主要的是幽静，云淡风轻的，可端坐，可读书，可闲卧。

其实，无论多喜欢人前热闹的人，也都喜欢有这样一个退处。当然，还是疗伤最适宜的，这里可放下，可释然，可

第五章 何须更忆，泽畔东篱

以慢慢在月光里培育明天。

李清照和赵明诚选择了这样退去。

有的人是为了以退为进，而他们不是，至少在李清照这里不是，或许在赵明诚心里，还有别的想法，但那时的风云里，最初的时候他也是想退去，好好地专心于学术。

车马向东北，一路停停歇歇，经过郓州，这里曾是李清照的父亲李格非任职的地方，他们却没有停留。尤其是李清照，她觉得时过境迁，有些打扰太没必要。她，仿佛一夜之间成熟了，智慧了。

那条窄窄的路边，项羽的墓就在这里，或许他们夫妇并没在意，或许是看到了，并没有入心。项羽可以说是国碎而死，而李清照这时候仅仅是家愁，也就此没有共鸣吧？多年之后，大宋的山河真正破碎的时候，那时候的路过才真正触动了她，李清照也就触景生情，写下了乌江边那首气势磅礴的《夏日绝句》。

心情和环境的内外融会发酵，才能成就那些名篇佳作。

明水小镇，自然要盘桓几天，与亲人小聚，也与亲人告别，然后，打马向正东了。

青州，历史深远，为古九州之一，背依泰山，东望沧海，位于齐鲁之中，是为国之东方。古五行里说，东方属木，木色为青，这城，也就唤作"青州"。

古人命名山水城郭，决不轻易，从不草率，都是谨慎了又谨慎，每一处都呈现独具特色的美感，内含丰富的质感。一处一处，都是博大精深的中华文化。

想一想，许多地名，特别是州城名字的易更，是伤害性的，是粗鲁的，甚至是无知的，让人心疼。

青州也几易其名，但曲曲折折还是归了本色之名，这是青州之幸，这是文化之幸。

一路风和日丽，大观二年（1108），李清照和赵明诚抵达了青州。

这里，有青青的山，青青的水，那城正是青青的城。李清照恍惚了一下，这不正是梦中的那城吗？她有些惊喜，她也有些心疼，原来于梦里大火中毁为灰烬的，是夫家的那楼阁。

李清照没有叹息，和丈夫开始收拾那一方院落。无论何时，打理荒草和灰尘，都是生命的另一番新气象。

青州有内蕴，单单就说宋朝，就有富弼、范仲淹、欧阳修等文化大家，任职于此，打理这片山水，运筹国计民生。李清照来了，给这座厚重的城，再添一份文化的绚丽。

这里的确是宜归、宜守的好地方。老屋重扫，旧院重整，

第五章 何须更忆，泽畔东篱

无一处不妥帖，无一处不安心，原来还有些愁绪的赵明诚，情绪也好了起来。

李清照看着欢喜的丈夫，问道："奴家这归来的主意可好？"

赵明诚接过李清照递来的汗巾，拭了一下脸，回答说："活在如此天静地静的地方，陶渊明也不过如此。"

"好啊，那我们就一起做那食菊饮露的'五柳先生'吧。"

陶渊明，这位让无数人羡慕的大隐士，名字挺有意思的，稍一品味，便妙趣横生，谐音里说，那不就是逃至深处的清明吗？那是什么深处？是山水的深处，是桃花深处，是岁月的深处。陶之"逃"，有一种自嘲，那就是说面对世事纷扰，败了，畏难了，其实一切就是归，就是为了归来草木深的老地方，就是本心。

"归去来兮……富贵非吾愿，帝乡不可期。怀良辰以孤往，或植杖而耘耔。登东皋以舒啸，临清流而赋诗。聊乘化以归尽，乐夫天命复奚疑！"这也让李清照喜欢，她便将书房称为"归来堂"。

据说归来堂的命名，还与晁补之有关。同年的早些时候，晁补之被免官职回到老家，他自号归来子，并修归来园，以陶渊明的性情散淡于乡间。李清照对晁补之非常景仰，二人又有师生之谊，书房的命名也有致敬这位长辈的意思。

"倚南窗而自傲，申容膝之易安"，小小的南窗足以寄我傲世之情，方寸小地更可心安，这心态，正是李清照的向往，她又从陶渊明的文句里，得到了启发，将卧房唤作"易安室"，并自号"易安居士"。

"易安，易安，越简越易安，实在是好。"赵明诚赞不绝口。

李清照也笑道："福兮祸所伏，祸兮福所倚，若是你不丢了那鸿胪少卿的官，哪得这样的清静自在？"

赵明诚连连称是。

远离了汴梁城的风起云涌，远离了官场的尔虞我诈，李清照夫妇的身心彻底清澈起来，笑有浪花起，欢有涟漪生，风作长笛，雨为丝弦。

他们走出那高门府邸，踏进青州的寻常街巷，才明白这才是人间，这才是应该活着的样子。如此，真好。

门前无车马嚣，堂上无客来往，一切都可以安心。赵明诚和李清照清理出几间厢房，将从京城带回来的文玩古物，分门别类开始规整，并详细地查阅资料弄清它们的来龙去脉。待夜色漫进院墙，他们又移至灯下，一个提笔写《金石录》，一个掌扇相伴，人一对，影成双。

第五章　何须更忆，泽畔东篱

这是李清照和丈夫赵明诚最好的时光，她在《〈金石录〉后序》里写道："每获一书，即同共勘校，正集签题。得书、画、彝、鼎，亦摩玩舒卷，指摘疵病，夜尽一烛为率。故能纸札精致，字画完整，冠诸收书家。余性偶强记，每饭罢，坐归来堂烹茶，指堆积书，史言某事在某书、某卷、第几叶、第几行，以中否角胜负，为饮茶先后。中，即举杯大笑，茶至倾覆怀中，反不得饮而起。"

这些文字，是李清照在南方所写，那时的孤人孤灯，似乎也只有用这笔底的文字，慢慢回忆取暖。这一行一行的青州记忆，也就格外用情。

李清照一生好"赌趣"，青州的时候，日子清寒，不与谁赌钱赌财赌酒，她与赵明诚赌乐，喝茶也不规规矩矩地喝，能猜中某个事在某本书第几页第几行为赢，就有了先喝茶的资格。李清照博览群书，记忆力又超好，一次一次，都是她赢了，于是就笑得前仰后合，手中的茶水泼洒了一身，反倒是常常喝不到。

如此相赌，李清照似乎有点儿不太公平，想她知识丰富，而赵明诚基本专攻金石学术，极少涉猎其他经典，这胜负其实早已明了。或许赵明诚也有质疑，可李清照却不听，立马回道："就耍赖，就耍赖。"赵明诚也不计较，只好乖乖斟满茶，捧给李清照，一个手抖，将李清照本就湿了的裙衫又泼了个更湿。一个佯作恼了来打，一个故作惊慌闪躲，你疯我癫，直嬉闹到庭院里的花前树下。她若一个踉跄，他必反手相携，四目相望，是那天光云影，是那山河远。

两个人的赌，一赢一输，都是欢，一局一局，都是安。

青州的幸福，一切都源于简单，简单到只有她和他，只有书和茶。书里，有两个人的爱，茶里，是两个人的暖。

这样的青青岁月，真是羡煞神仙。"赌书消得泼茶香"，这就是"清初第一词人"纳兰容若羡慕的好时光。但是纳兰容若的这词，写的却是浓愁，而李清照和赵明诚的青州，却是世间最美的清欢。她是花，他是月，她是那桂花，在那月里。他是那圆月，如明镜，一尘不染映着她的影。

人若不争红尘，万般皆是好。争就要旁逸斜出，争就要枝丫交错，哪还免得了是是非非？真正的退，是脱去锦衣华服，放下金玉富贵，以草之身，以木之心，如此，世间才尽是阳光雨露。

"帘卷八窗，面面云峰送碧；塘开半亩，潇潇烟水涵清。"

青州，是她和他那不骄不躁的一色青青。

第五章　何须更忆，泽畔东篱

4. 莫负东篱菊蕊黄

四季如歌，声声韵里花开叶落，流年似水，从不会停留在那里。那些美，那些丑，都将成为远方，成为无可挽回的过往。如果我们为某种遗失而叹息，那么，新的遗失已经悄悄地划过了你的生命。有些事情，回头看一眼可以，不必过多留恋，过多盘桓，毕竟向前才是人生。

琥珀之光里笼罩的美，不管多么栩栩如生，那也是一种结束。

青州，是李清照夫妇琥珀一样的时光，是宋朝历史枝丫上的滴落，但何其有幸，何其美妙，这一滴松脂却没有凝结，水汪汪的映天映地，藏日含月。李清照和赵明诚虽然情怀散淡，可志向却不散淡，金石事业上愈加勤奋，他们将原有的文玩之物整理得差不多的时候，赵明诚就踏出了院门，去探访那些失落在寻常人家，闲置在富贵门第的有意义的旧物。

作为齐地文化重镇的青州，藏纳着太多的传奇，赵明诚每次回来，都是收获满满，让李清照连连称奇。为了获得更多的心爱之物，他西出东进，遍访齐鲁大地，三次到访灵岩寺，四游仰天山，当然，他也亲自登临泰山极顶。功夫不负有心人，《东魏张列碑》《北齐临淮王像碑》等重要的碑刻拓片，都收集到了归来堂。如此经年累月地努力，李清照夫妇的藏品塞满了各个地方，原本井井有条的库房更是堆积如山，这样杂乱无章，不仅无法进行记录，更是不利于保存，也容易造成不必要的损失。尽管当时的日子实在不宽裕，他们几番斟酌，还是在归来堂一侧，又修建了几间房子，将古书、画卷、碑刻、文玩等物，陆陆续续进行了规整摆放。

次序井然的库房，就是一部一部条理清晰的历史卷宗。

那时候，赵明诚痴迷于收集，李清照醉心于查证登记，一外一内，为金石之事可谓专心致志。偶尔闲下来的时候，喝一壶茶是常事，但已经少了最初那时斗猜古文字的赌趣。李清照也很少喝酒了，她怕一不小心失手打碎了哪个古陶，她怕稍有疏忽就记错了某块碑石的纪年。其实她更认为，那些老物件是有灵性的，不可以亵渎，要轻拿轻放，以敬重之情审视，以景仰之情对待。

酒，难免草率；酒，难免莽撞。爱酒的李清照，都以品茶的心，以礼仪的姿态，在那些库房里慢来慢去。宁静最能呈现灵魂的美，这是最美的李清照和最美的古物的两两对话。

多少年之后，北宋山河乱，这些一直被静养的文物，其实是在战火中被刀枪之声惊了魂魄，才就此散失八荒。人六神无主不安，物件六神无主一样不安。

第五章　何须更忆，泽畔东篱

万物皆有灵。

青州的李清照和赵明诚，忙碌又自在，累身却舒心，何异于种云耕月？这样的时光不可负，他们愿意在这样的节奏里老去，老成一首词。

词，有自在的形体，又有格律之寸，还有词牌之美妙，多像他们夫妇的青州时光？

今天的青州博物馆，其馆藏之丰富，在县一级当中那是首屈一指的，不知哪一件文物，曾在李清照夫妇的手掌中摩挲过？曾在那归来堂里浸润过茶香？

云烟重重，无处可问，无处可解，实在让人感叹，人和物，到底谁是谁的过客？

青州的云门山上，有一个巨大的"寿"字，其下面的"寸"字就高达2.3米，于是就有了"人无寸高"的说法。茫茫天地，浩荡岁月，人真的很渺小，若在有限的年代里，尽力尽能做点事，那才是无愧于自己，无愧于生命。

李清照是深深地爱了青州的，汴梁的那些悲伤她是彻底放下了，她明白那些无奈的怨尤是对自己幸福的腐蚀。她这颗清水洗尘的心，也同样影响了赵明诚。能让一个男人扬弃家世的风云，那是非常难的，可李清照做到了。他们在这里，一起为清欢而痴迷，为挚爱而淡然。灯下的影，窗前的光，都闪现着每一帧每一帧的岁月静好。

其实,很多时候,女人的静是深深的潭,不肯轻易因风起浪。而男人的静,常常是浅浅的池,或许只投一块小小的石子,立刻就荡漾起来。很多时候,男人远不如女人淡定,这决定了男人喜欢打打杀杀,一匹马的纵横,足以让他们热血沸腾。女子却守在窗前,一针一线,缝补岁月,偶尔抬头,期望日子安然如窗前花。

赵明诚在青州最初的交往,多是布衣的素人,时间一久也就时不时地出入那些高门高槛。于是,他的心里就有了异样的感觉,毕竟自己是相门之子,如此日复一日地忙碌,说一句亮堂堂的话,那是为了事业,可谁又难保别人不会说,这是一种落魄?有时候,他也觉得这是一种落魄,以他的出身,命运本来不应该这个样子。

京城的形势似乎是向好了,赵明诚也就努力地打探着远方的消息,在摆弄那些古物的时候,时不时地就发个呆,在和李清照一起品茶的时候,也就常常走了神。

李清照是懂赵明诚的,也生出了某种担心,可她依然努力地提醒丈夫,那《金石录》也好久没有编写了,旁边早就研好的墨,已经要干透了。赵明诚应一声,刚刚提起了笔,却又愣愣地不知所措了,忘了落笔。

第五章 何须更忆，泽畔东篱

政治之殇，几乎让李、赵两家陷入窒息，怎么可以再重蹈覆辙？李清照一再明里暗里地告诫赵明诚，可赵明诚心中的波澜是越来越狂烈了，已经无法平抑，他总是朝着京城的方向，久久凝望。

小楼寒，夜长帘幕低垂。恨萧萧、无情风雨，夜来揉损琼肌。也不似、贵妃醉脸，也不似、孙寿愁眉。韩令偷香，徐娘傅粉，莫将比拟未新奇。细看取、屈平陶令，风韵正相宜。微风起，清芬酝藉，不减酴醿。

渐秋阑、雪清玉瘦，向人无限依依。似愁凝、汉皋解佩，似泪洒、纨扇题诗。朗月清风，浓烟暗雨，天教憔悴度芳姿。纵爱惜、不知从此，留得几多时。人情好，何须更忆，泽畔东篱。

——《多丽·咏白菊》

菊花已渐憔悴，即使好好珍惜，这美好也难保能存多久，更何况还有无情的风雨可能突然袭来。努力去爱，不要让一切只留在回忆之中。

李清照志在疏朗，但此时此刻，也只能以愁来表达心中的无奈。失了青州，仿若失了情操，失了初心。怎么能只念想汴梁的富丽堂皇，而忘却了那落木萧萧。最初的时候，只需一个理由，就让赵明诚打马离开了汴梁，如今无数个理由，似乎也难以挽回他对京城的向往。

男人期待的常常是山河，不是女人心中男耕女织的田园。赵明诚慢慢淡了金石，对李清照也有些漠然了，翘首以盼着帝王的诏书。十几年了，京城的快马之声，也应该来了，是时候来了。他要挥舞着圣旨，策马扬鞭狂奔而去，以解心中的郁闷。

赵明诚忽然觉得，这些年自己的宁静，其实是一直在等一个爆发的时机。他，是沉默了太久太久的火山。男人的心中，是有岩浆的。

赵明诚在青州的城门口徘徊着。有人高声地喊："德甫，我刚弄了几卷老画，到我家去看看吧？"德甫，是赵明诚的字。

赵明诚有一搭没一搭地应了一声，转脸又看向了远方，那里，落霞已在夕阳西，一只孤鸿无声地划过，沉进了深深的暮色。

在他这里，青州已经不再是原来的青州。

其实，青州还是原本的青州，那花香还在，那鸟鸣还在。一声鸟鸣，山河尽消苍凉；一声鸟鸣，人心尽散尘埃。这比

第五章　何须更忆，泽畔东篱

佛歌更洗心。佛歌将岁月打磨成禅房，而鸟鸣是让人真正回归人间。佛歌让人心远，空了，有云朵在飘；鸟鸣让人心近，清清地满了，是溪水在流。

赵明诚的心空了，默默地咏着佛歌，祈祷。青州的城门吱呀呀响着，要关了，他愣在那里，不知该是一步向里，还是一步向外……

第六章
帘卷西风,人比黄花瘦

1. 萧萧微雨闻孤馆

很多时候,人们是喜欢安静的,甚至一度也习惯了安静,甚至觉得自己有了隐士的味道,心中悄悄地有了晨钟暮鼓,有了在红尘里打坐的定力。然而,有多少人一遇打扰,却没了静心。这就像一个兵士举着刀枪,大声地呼喊着,那气势仿佛无人可挡,可敌人真的冲过来的时候,他却成了那个扔下武器抢先逃跑的人,更不堪的可能是,双腿一软直接投了降。

虚张声势的外表下,却深藏一颗无主的心。现实里,有多少这样的人?赵明诚就是其中之一。

宣和二年(1120),宋徽宗劝退了蔡京,这消息传到青州,赵明诚不淡定了,他觉得这是春风一样的消息,在这消息里,他应该重整衣衫。

十年青州屏居,赵明诚是积极的,是宁静的,为了自己的金石之爱,他四处求索,可谓学业上大有长进,学术上大有斩获,一部《金石录》已经基本成形,至政和七年(1117),三十卷的版本,陆续装订成册。这部呕心沥血的学术巨著,他每每在月光下抚摸,深为骄傲,深为欣慰,他也深深感恩青州这座城。

这城,宛如他生命里凝日月之光、含山水之韵的镇纸,镇住他心里的所有波澜,让他能安安静静地做学问。赵明诚一度认为自己是幸运的,与爱的人,与爱的事业,如此无风无雨共守一城。政和四年(1114)的那个秋天,赵明诚为端坐归来堂的李清照画像,那细腻的勾勒,那优美的线条,他是实实在在用了心的。赵明诚看着画里画外的人,觉得一切都是心中的完美,于是他在那画的一角写道:"清丽其词,端庄其品,归去来兮,真堪偕隐。"

有如此人可爱,夫复何求?

第六章　帘卷西风，人比黄花瘦

那时，赵明诚的心那么定。宁静里，他可以宁静，然而一遇喧嚣，他就暗流汹涌了。那个曾经和李清照一样视仕途为危途的他，此刻却峰回路转。他，忽然觉得这青州的时光是虚度，这城其实是他的藩篱，自己原本应该是一个纵横日月的人。

他每天打开家门，都期待更好的喜讯扑面而来。

来了，来了，好消息真的来了。一骑快马踏着宣和三年（1121）的春风，奔驰进了青州城的一条小街，将出知莱州的诏书递到了赵明诚的手中。这样的消息，赵明诚迫不及待地要向世间宣告。他，马上就和几位好友登上了青州仰天山。这是他第四次登临这座奇峻的山峰了，前几次站在山顶上，他都是在沉思，沉思这世间的沟沟坎坎，而这一次，他站在最高处，望向天空，看那岁月的云卷云舒。在他的心底，隐隐响起李白的诗句："仰天大笑出门去，我辈岂是蓬蒿人？"

从仰天山归来，赵明诚急匆匆地开始收拾行李。李清照在一旁帮忙打理着，一边轻声地说道："明诚，你如此匆忙地做了决定，是不是有些草率？"

赵明诚没有抬头，不假思索地回道："我一个相门之子，怎么能困于一屋一舍？有道是机不可失，失不再来，何谈草率？"

李清照听赵明诚这么说，忽然感觉眼前的他，竟然有些陌生，那个和她在归来堂"赌书泼茶"的人，那个人的心，原本没有如此风风火火的。李清照叹了一口气，好吧，男人的心或许真的应该是属于山河的，如此说来，丈夫这十几年来躬身于方寸之地，倒是委屈他了。

　　她，也许应该放男人回征途，可李清照依然心事重重。

　　门外，赵明诚已经跨上了马，李清照还是叫住了他，将一个包裹塞递了过去，说道："任上虽然公务繁忙，但别忘了《金石录》还需要太多的增删和校勘。"赵明诚虽然答应着，但似乎有些不耐烦，一转身，重重地磕了一下马镫。

　　他的马，随从的车，就出发了。

　　那是春天，迎着霞光初起的黎明。向东，也许这是吉兆！

　　可李清照站在那里，还是有一种说不出来的失望，毕竟这是他们夫妇十多年来，第一次真正的别离，尽管莱州并不遥远。她真的希望那个男子，一个打马转身，和旭日一起向她奔来，然后在她身边翻身下马，低低地说："我还是更愿意择一人白头，择一城终老。这，本就是我的初心。"

　　马蹄声渐急、渐远，只剩李清照独自站在青州的街头，晨雾，竟然有些越来越浓了……

第六章　帘卷西风，人比黄花瘦

人远，音讯更远，从春天到夏天，从夏天再到秋天，没有从东边传来些许的消息。那城，真的并不遥远。

莱州的他，可是忘了青州的她？

李清照是心不在焉的，是百无聊赖的，喝酒酒是愁，品茶茶无味。她在库房里检点着那些古物，本想在忙碌中让自己不胡思乱想，可一个不小心，手中的梅瓶竟然滑掉到了地上，一声脆响，惊了她。她慌忙去捡，那碎碎的瓷却刺破了指尖。那年，她也是这样破了手，他急忙捧她的手在手中，慢慢吮吸那伤口。

门被吹得吱呀一响，李清照刹那间恍惚了一下，才明白冷冷的房间里，只有她自己。身的四围，是那不言不语的老物件。

归来堂她也很少去那里坐了。那里，有她的画像。看那画中人的眉眼，再看画外的自己，谁还相信是同一个人？李清照，越来越憔悴了。

她放手给丈夫一片云天，赵明诚却还她如此一团云雾。莱州，在东面，在太阳升起的那个方向，李清照却越来越看不明白。

香冷金猊，被翻红浪，起来慵自梳头。任宝奁尘满，日上帘钩。生怕离怀别苦,多少事、欲说还休。新来瘦,非干病酒,不是悲秋。

休休,这回去也,千万遍阳关,也则难留。念武陵人远,烟锁秦楼。惟有楼前流水,应念我、终日凝眸。凝眸外,从今又添,一段新愁。

——《凤凰台上忆吹箫·香冷金猊》

李清照和赵明诚清欢于青州时,诗词不多,当赵明诚别去莱州,寂寞重来,她也重新拾了诉说的笔。说了多少遍的阳关远,说了多少次的故人远,可依然没能留住那人远行的脚步。

怕的是愁,果然是愁,李清照不想如此,不甘如此。她就在这个秋天,轻车简从,寻着赵明诚的踪迹,出发了……

这一年,是宣和三年(1121)。初到青州时,李清照24岁,如今已近不惑,青州见证了她最丰盈的年华,这里,也是她最美的一段岁月。如此别去,她该有多少的不舍?但是,又不得不离开。

泪湿罗衣脂粉满,四叠阳关,唱到千千遍。人道山长又不断,萧萧微雨闻孤馆。

第六章　帘卷西风，人比黄花瘦

惜别伤离方寸乱，忘了临行，酒盏深和浅。好把音书凭过雁，东莱不似蓬莱远。

——《蝶恋花·晚止昌乐馆寄姊妹》

这词，在东行的路上，李清照写于昌乐。

昌乐距离青州很近，可她车马一日，却仅仅抵达了这里。可见她对青州是多么恋恋不舍，这一路行走，又是怎样的一步三回头？

春天的时候，李清照将阳关曲一遍一遍地唱给赵明诚，如今在这秋雨里，不知是姐妹们为她唱，还是她唱给自己，在这离别曲里方寸大乱，已经不知喝了多少酒。

牵挂又如何，留恋又如何，这世间本就有太多无奈的离开。她只好嘱咐那些难舍的人，一定把你们的消息随时告诉我啊，毕竟莱州很近的，不是那虚无缥缈的仙界，那鸿雁一个展翅，就可以到达。

李清照放下手中的笔，听着窗外的秋雨，回望来路愈发地伤感了。她不知道的是，青青的山，青青的水，青青的城，这一切将一去不复返了。其实，北宋的日子也将很快一去不复返。不管是赵明诚春风里的向东，还是她李清照秋雨里的向东，都不是吉兆。

青州的青青之爱，长了褶皱，生了苔藓；青青的大宋之瓷，青青的大宋山河，也已经裂纹丛生，那破碎的脆响，正隐隐传来……

2. 浓香吹尽有谁知

远方，是一种什么样的到达？几分让人期待，几分让人慌张，还有几分让人迷茫。一路的行走里，便让人猜东猜西，猜风猜雨。最多的，当然还是猜一片花开，猜一道彩虹。

李清照是一路忐忑着向东的，她有多期待，就有多慌张，只离开青州几步就急急忙忙地停了下来，写一首留恋的词捎给身后的姐妹。

"蝶恋花"这三个字，多美，却不是写给那个他的，实在让人有些心疼。此时，谁是那蝶，谁是那花呢？用如此情深的词牌写给姐妹们，其实是顾左右而言他。多希望那个他还恋着这个人，那个他还恋着这个城。怕只怕武陵人心已远，不再依恋这十里桃花。

青州的山水还隐隐可见，李清照就匆忙落笔，她怕的是再没有这样的机会，再没有这样的心情。若是有朝一日再回

第六章　帘卷西风，人比黄花瘦

头，或许已经物是人非。

莱州，是一个什么样的城？

不管李清照怎么想，毕竟这是秋天，那期待的相见，无论如何应该是果香满枝，可出乎意料的是，抵达时的景象却是落叶纷纷。

迟了一步？究竟是迟了一步的人，还是迟了一步的心？

李清照想不透这些，她原本是一个单纯的女子，心头的酸甜苦辣，都明明白白地赋予笔墨，一字一句，不藏不掖，山是山，水是水，就算是云，也一朵一朵让你数得清，谁人不懂？偏偏就那相依二十年的他不懂。虽然期间有过小别小离，毕竟有过太多的朝朝暮暮，更何况十年青州，是那么相濡以沫。

他，不该不懂。

那相见，是在一场盛大的欢宴，赵明诚的眼前是肉山酒海，他的左右是歌伎舞女。赵明诚抬头看了一眼，一个愣神，说道："你怎么来了？"

这，不是为李清照设的接风洗尘的酒宴，而是赵明诚日常的欢与醉。

李清照设想了种种意外，却没想到自己才是那个意外。一时之间，她不知道该如何回答询问自己的赵明诚。

接着赵明诚起了身,左右的人也都纷纷起了身。本以为是为李清照腾出一个恰当的座位,却只见赵明诚双手轻按,示意大家坐下,然后朝门外喊了一声:"快安排夫人休息。"

这一声,那么冷,那么凉,倏忽之间穿过了李清照的心头,所有期待的花开都瞬间枯萎,所有期待的果香都刹那无味。不过,那一句休息倒也让她有了解脱,不然风尘仆仆的她,站在那光鲜亮丽的一群食客面前,实在是太过尴尬。

休息?这是以关心为名义的冷落。

李清照叹了一口气。好吧,权当赵明诚是真的心疼她几日几夜的舟车劳顿。她也期待后院的锦衾绣枕能给她一个惊喜,给她一份安心。真的,远远地看上去,那门那窗很不错,李清照的心头一亮。然而,再一次让她想不到的是,那引领她的仆人,竟然绕过那里,将手指向了后院的更后院。

莱州的秋天,来得更早一些,霜,已落。

远远地,那欢声笑语从前面传来,那是别人的热闹,也是赵明诚的热闹。

夜色,比霜色更浓重,比霜色更压抑,从四围而来又迅速地淹没了那个小屋。

那小屋,简单到无须打量。不,不能用简单来描述,而是简陋。简单其实是一种美,是一种心无旁骛的自在美,是

第六章　帘卷西风，人比黄花瘦

一种横平竖直的格局美，是一种删繁就简的疏朗美；简陋则是一种东倒西歪的杂乱丑，是一种乌七八糟的寒酸丑。

那屋里，除了一个旧的小桌子，再无别的东西。哦，不是的，还有满屋的尘土，还有墙角一个又一个大大小小的蜘蛛网。光，还是有的，只是那么弱，弱到像另一种尘土的慢慢飘落。唯一的窗子，那么高，那么小，几根窗棂断了，大大小小的风，可以肆意地从那里钻进来。

门前的荒草那么深，深深地掩住了李清照走进来的足迹。她觉得自己不是走进来的，而是被人从那小小的窗子里扔进来的。她就像小桌上的那本无滋无味的旧书，被人遗忘在这里。

夜深了，赵明诚还没有来，他没有踏过那深深的荒草走来，甚至没有让人传一句温暖的话来。青州的那些浓情蜜意，那些酒来茶往，怕是再也回不来了。

李清照回望那座城，除了怀恋，也有后悔。她后悔自己不应该如此轻易地让赵明诚放马莱州，重归官场。这官场里不仅有太多尔虞我诈，更有太多的污泥浊水。想那帝王赵佶，身处六宫粉黛之中，却还要钻出宫墙，买情于李师师。天下的男人，有谁望着那窈窕的身影，能不心猿意马？而她的赵明诚，与她清守十多年，如今放马江湖，又哪能不醉入柳绿花红之中？

走出寂静，却更贪杯。李清照明白，她的男人不是圣人。青州，宁静之色，莱州，荒草之意。从青州出来，赵明诚一到莱州，心就乱了，情也乱了。

汉代才女卓文君，以一首《怨郎诗》和两篇《诀别词》，挽回了司马相如的心。以李清照之才，她是否能挽回赵明诚的心？荒草深处，旧屋之中，她浮想联翩，心中的话说给谁来听？

《感怀（并序）》

宣和辛丑八月十日到莱，独坐一室，平生所见，皆不在目前。几上有《礼韵》，因信手开之，约以所开为韵作诗，偶得"子"字，因以为韵，作感怀诗。

寒窗败几无书史，公路可怜合至此。
青州从事孔方兄，终日纷纷喜生事。
作诗谢绝聊闭门，燕寝凝香有佳思。
静中吾乃得至交，乌有先生子虚子。

毫无疑问，这首诗是李清照在刚刚到达莱州的时候写的，也是在那间简陋到不能再简陋的房间里写的。

第六章　帘卷西风，人比黄花瘦

诗中有对赵明诚的怨和嘲讽，而又以自嘲收尾，表明了自己的无奈，也深藏了自己的压抑。

词，言情，长的情短的情，这是词的节奏。诗，言志，也正应了那句"愤怒出诗人"，这种规整方式，正契合锵锵的心情爆发。

作为婉约派词宗，作为一个女子，李清照是非常感性的，她一生写诗不多，大都在情感的蓄积点上，在愤怒的爆发点上，一挥而就。

李清照最具代表性的短诗作有四首，其一是这首《感怀》，虽然怒在心头，却隐而不发，只因她觉得日子还可以忍，忍一忍会有春暖花开。多年之后，她写《夏日绝句》，是那乌江之涛，是那项羽的悲壮，恰恰与那时家国之殇迎面相撞，于是，她爆发了。那不仅是对懦弱的丈夫的怒骂，也是对懦弱的帝王和他的臣子们的怒骂，其实更是一种怒其不争的激励。再多少年后，她写《钓台·夜发浅滩》，是她面对复国无望，自己的一种无奈。那种羞愧是沉思型的，也是愤怒最深层的凝结。再后来，她在金华写《题八咏楼》，站在那高高的地方，她将无奈又推上了一个新的高度。谁能复山河？谁还有那胸怀万里的壮志？或许，一切只能留给后人了。

隐忍、爆发、沉思，这一切都是她生命里向暗的曲线，也是大宋王朝的命运曲线。至于那希望，已经在她的生命曲线之外，恐怕也是在大宋王朝的命运曲线之外了。事实上，也正是这样，宋朝在一天天版图的萎缩里，在人心的萎缩里，亡了。

四首短诗，四种真怒，四种抑扬顿挫的铿锵。还有谁，有如此家国情怀的熊熊怒火？李清照，她是一个词人，又实在不缺乏诗人的慷慨激昂。

她，本想一生做那个柔绿软红的词家才女，可时势却将她一步一步逼向硬笔重墨的诗人之路。这，是她一生的无奈，也是一种悲哀。

谁让她偏偏就生在那个北宋、南宋离乱交错的时代，就像李煜的悲哀，生在那个不唐不宋的碎裂时代，本想以唐之名谋江山，却被以宋之名葬了尸骨。

命运，给了多少人无奈，任你曾经多么柔情似水，任你曾经多么踌躇满志。

李清照，这所谓的千古才女，无论如何也不过是一介女儿身，又能如何呢？

第六章　帘卷西风，人比黄花瘦

3. 泪融残粉花钿重

什么样的离别，才是真正的离别？什么样的相聚，才是真正的相聚？这一切，旁人真的难以说清，一切，都要自己感受。

问道莱州，可谓左右为难，这里，是李清照的落花季。不，是落叶季，是她情感上真正的煎熬时刻。在青州之前，也有感情的波折，可就算那些别离，也都有柔软的思念。再相聚，还是那情深意笃。

赵明诚赴任莱州，和李清照相别，隔了整个郁郁葱葱的夏天，却杳无音信。秋天里的相聚，本应该是果实盈盈的欢喜。可是，一切似乎出乎李清照的意料。

出发前，李清照是有预感的，没想到这一切比预感的更山寒水瘦。

八月十日到达，李清照是奔着中秋节来的，那是一个多么美好的日子，尤其适合相爱的人相聚。现实是，不要说那花好月圆夜，连那最起码的礼仪相待都没有了。

角落里的小屋，偏僻到无人问津，寂静到无声无息。门前，是没有台阶的，一脚踏出去就是深深的荒草。几日下来，李清照自己的往返，让那里依稀有了一点路的样子，可那一夜的风、半宿的雨，第二日，又不见了她的足迹。她慢慢懂得，其实，路都是自己的，要学会给你自己一条路。每次的来回，她渐渐有了一些智慧，都是沿那个方向去走，这样，会省力一些。

她，站在荒草的这端，每每弯下腰身，择去衣衫上的草籽和草屑，忽然觉得这是一件很有意思的事。她学会了对自己幽默，对生活幽默。

李清照变得越来越豁然了。

最初的时候，她总是试着设法为赵明诚找寻一些理由，以为他疏远官场太久了，又初掌一方印信，他的确需要更多的努力，去应付人际往来中的繁文缛节，去应对城城乡乡的案起案落。可是实在很难见到他在衙堂上正襟危坐，更多的则是忙于歌欢酒乐。夜里，终是要闲了吧？或许她的男人，正潜心于学术之中，正孜孜以求于金石之中。可李清照又发现，她让赵明诚带回来的那些史料，却是弃置在一旁的，上面已经落了厚厚的灰尘。

她和他的感情，也满满都是灰尘了吗？

赵明诚的酒宴那么多，从一个中午到又一个黄昏，从长街的酒楼到后衙的厅堂，赵明诚与形形色色的人把酒言欢。他的酒，李清照却没有品尝过一口。他难道已经不记得与她

第六章　帘卷西风，人比黄花瘦

举杯共邀月的时刻了吗？

赵明诚那些史料上的尘灰，李清照擦了又擦，过几天再看，又覆上了淡淡的灰尘，想来他是一次也不曾翻弄过的。赵明诚，荒了诗文，更荒了和李清照的感情。

书卷上的灰，可以擦拭干净，人心上的灰尘，那该如何去擦拭？李清照不知如何是好。

从现存史料那些隐隐的文字里，可以看出赵明诚大约是纳过小妾的，至于何时，没有定论，就是学术专家们，也是莫衷一是。

有人说，赵明诚迎纳新人，有可能是在崇宁年间。理由是，李清照受父亲李格非"元祐事件"牵连，被迫与赵明诚分分离离，在汴梁和老家明水之间行走。其实，那时，政治纷乱，赵家的状况也不稳，赵明诚很有可能在这期间纳妾。

青州那时，有李清照左右相亲，两人举案齐眉，赵明诚可谓心无旁骛。最有可能的，是这莱州。想他初任郡守，有官有闲有追捧，或许于那常常出入的欢场上，就在哪个女子的目光流转中动了心，更在手下人鼓动下，红烛锦被有了缘。

这里，赵明诚还有一个更充分的理由，十年青州屏居，李清照没有为赵明诚生下一儿半女。古语里"不孝有三，无后为大"，若他赵明诚一直在民间里浮沉也就罢了，待他已经官任一方，膝下还是无人，那实在不够体面。莱州，也就有了赵明诚的新欢，也就冷了李清照这旧爱。

四十岁，男人还风华正茂，于女子而言，却是半老徐娘。这也许是赵明诚不是理由的另一个理由。

莱州靠海，李清照看到的日出却不美，李清照知道这里是有风的，可没有想到是这么急，她有些顶不住了，一连几个踉跄。她原本以为，她与他的酒能喝到最后，他们可以一直在那茶香里慢慢游走，如此一辈子共在书卷里一行一行访幽寻古。

再美好的愿望，往往在现实面前，是一片狼藉，是那么惨不忍睹。

李清照看清了现实。说什么赏心悦目，不是因为"赏心"，才"悦目"，是因为"悦目"，才"赏心"。她苦涩地笑了一笑，觉得这词实在应该好好改一改。

三十八岁，红颜真的已老。莱州，这是李清照的年纪。

有时候，李清照恨自己来得不是时候，真不如就守在青州，虽然没有了那个他，却毕竟有那青青的山，青青的水，青青的城。毕竟那城里还有姐姐妹妹，她们也有酒，虽然不如最爱的人的酒浓，可毕竟也透明；她们也有欢，虽然不如与最爱的人的欢更深，可毕竟也清澈。

第六章　帘卷西风，人比黄花瘦

但若是真的就此放手，那又多么不甘，多么心疼。李清照一生好赌，而且自称"百赌之王"，逢赌必赢，她要赌这一把，所以来了。可是，莱州这一局，形势不是想象中的有些微妙，而是相当恶劣。她，要败吗？能在赌局里百战百胜，怎么可能是一味地拼杀？不看形势地左冲右突，终究会是让自己陷入更大的被动。李清照自弃一子，卖一个破绽。以她的年纪，何以去争红颜，何以去巧笑嫣然？

忍一忍吧，或许这就是那退一步海阔天空。

她，不再是初来时的怨尤，也不再有那时的自黑自嘲，她甚至收起了自己的诗词书卷，只把那些研究金石的资料，一一搬到自己案几前，一边细细查阅，一边慢慢摘抄。

知己知彼，方能百战不殆。天下第一才女，无论年岁几何，"才"是她最大的筹码。逢赌必赢的李清照，决定以己之长，再赌一把。

天下再美的红颜，终会老去。她更相信丈夫的初心还在，她相信他能够回来。

她不问赵明诚的案卷之事，也不问他的杯酒之欢，更不问他的日出和日落，若偶尔遇见，只轻轻地问一句："明诚，《进谢御赐书诗卷》是蔡襄的吧？"或者再问一句："欧阳公的《集古录》哪个版本最真？"

最初的赵明诚,总是很不耐烦,挥挥手回一句:"我记不得了,自己去查。"然后匆匆就走开了。再后来,他渐渐会站下来,一一作答,然后又似是自言自语地感叹一句:"我真的好久没有校订我的《金石录》了。"

曙光初露,李清照却流下泪来,她没有拭去这泪水,也无人为她拭去这泪水,那就一任它流吧,哪怕是花了妆容。其实那些厚厚的脂粉,不过是因为一些人自己太心虚。最美的年华不必施粉黛,该施粉黛的年纪,粉黛只不过是一种虚假的自我掩饰,那掩饰下,是一颗多么忐忑不安的心。

脂粉的色与香,敌不了春风半寸。

李清照虽失了春风,却有静美,有包容,有内蕴。她要深深地告诉自己,这一切里,也包括隐忍。她一直隐忍着,她要忍到柳暗花明。

李清照有这样的自信,源于她有这样的赌运,更有这样的赌技,那就是她能审时度势、运筹帷幄。

把所有的痛苦都揉碎吧。历史上多少男人,无论是丑是俊,都想流连花丛之中,为牡丹一杯醉,为菊花一杯痴,不说情殇,却说是那风流倜傥,却说是那英雄美人。

好吧,谁让他是个男人,男人总有些冠冕堂皇的理由。伦理,多少都是男人的理论。李清照,她也无能为力于那男权的旧时代。

谁能像歌里所唱："我要屹立万山之巅，伸手触摸彩虹，低头把你相拥。"

能够触摸到彩虹的男人，若是再肯弯下身子来，专心地爱他所爱的人，那他绝对是世间的伟丈夫，是男人的巅峰。

4. 背窗雪落炉烟直

莱州那狂烈的海风，那滔天的海浪，几乎让李清照把握不住自己情感的小船，好在她自小就通晓水性，终于把稳了桨橹。

没有倾覆，没有搁浅，在这个无酒无茶无欢的城，当她懂得太注重情感，情感恰恰会成为包袱的时候，她释然了，淡然了，专心于那些古旧的史料之中。

如此一埋头就是经年又经年。那一日，丫鬟忽然急急地跑进来，说："夫人，夫人，老爷邀你一起去游重阳呐。"

"重阳？"李清照愣了一下，忽然若有所思，来莱州后的这几个重阳节，都是她自己过的。

那年的重阳节，她也是自己过的，虽然独自，却有想念啊，虽然孤独，可有远方啊，她也就写下了那首词：

薄雾浓云愁永昼，瑞脑消金兽。佳节又重阳，玉枕纱厨，半夜凉初透。

东篱把酒黄昏后，有暗香盈袖。莫道不消魂，帘卷西风，人比黄花瘦。

——《醉花阴·薄雾浓云愁永昼》

这词，应该是写于更早的时候，因为莱州没有她的玉枕，更没有她的东篱可把酒。那时候，不过是她和赵明诚的小别，总以为那时的西风够凉，没想到今天的她，才是真正的人比黄花瘦。

李清照的文采早就惊动京城的，其诗词迅速传遍了坊间，在莱州，很多人闻知才名。那一天，在酒宴高潮之时，有一挚交的朋友，见赵明诚身边从未有李清照陪伴，就说："听说嫂夫人诗词了得，何不给我们引见引见？"

赵明诚似乎有些喝醉了，回道："拙荆空有虚名，其实我的词作远胜于她。"

"当然，当然，我们更愿意一睹德甫兄的文采。"那位朋友话锋一转，迎合道。

第六章　帘卷西风，人比黄花瘦

让朋友这么一说，赵明诚清醒了许多，可话出了口，实在不好收，连忙说："改日，改日……"

赵明诚虽然说的是酒话，其实在他心里，对于李清照还是有几分不服气的，多年相处，更让他看不到妻子的光芒，认为李清照不过是因女子之名，而得天下赞扬，自己并不比她差。朋友的那一问，让他有了证明自己的好机会。于是，赵明诚苦思冥想多日，凑得了五十阕词，并将李清照的这首《醉花阴》一起，交给了朋友。朋友细细看了，说道："兄台在短短的时间内，竟然填得如此多的词作，足见功力非凡。但以为见，其中不过三句最佳。"

能得这位文学造诣颇深的朋友认可，实在是不错了，赵明诚强压住自己内心的激动，问道："哪三句？"

"莫道不消魂，帘卷西风，人比黄花瘦。"

这，恰恰是夫人李清照的词句。

赵明诚愣在那里，忽然觉得妻子如此有才华，他最近实在太冷落她了。而词中的"重阳"一词，也深深触动了他，他，真的欠李清照一个一起登高的重阳。

莱州文峰山，又被当地人称为"笔架山"，那是一个有笔架之形，又有文化之神的山。赵明诚不带李清照去，还能带谁呢？那几个新纳的女子，若是在那里搔首弄姿，娇声嗔语地笑闹一番,岂不是轻薄了那山的庄重。

庄重之地,与庄重的夫人同行,那是涵养和脸面。

选择重阳节登高,那的确是赵明诚有所念想的,远在京城的兄弟和母亲是他的心结。选择了文峰山登高,又携李清照一起过这个节日,是他对学术的回归,是对夫人的示好和歉疚,更是对自己这两年纵情声色的反思。

李清照深吸了一口气,他,要回来了。

文峰山虽然不是什么名山,但也是古迹遍布,这让赵明诚和李清照的游兴越来越浓,两人仿佛瞬间没了因为这许久的疏离而产生的隔膜,他们指点着那一个个亭子,一段段残道,有说有笑地拾级而上。一处摩崖石刻的出现,更是将他们的情绪推向了高潮。

那里,有《荥阳郑文公之碑》。

《荥阳郑文公之碑》,为被誉为"北方圣手"的郑道昭手书,其书法之美,被无数人赞为石头上的《兰亭序》。碑刻高2.8米,宽3.6米,为魏碑之冠。

如此金石之瑰宝,真是让赵明诚大喜过望,他急忙让随从的人将碑文清洗干净,自己也随之拿出毛刷、墨汁、拓包、宣纸等工具。

赵明诚一边拓着碑刻,一边招呼着李清照过来欣赏。李

第六章　帘卷西风，人比黄花瘦

清照看了一眼说道："这乃下碑，还有上碑，应该在天柱山。"

同行的人说道："天柱山就在南面不远，大约有二十里路。听说，那里的确有不少石刻。"

赵明诚细读碑文，果然有记载。他回望一眼李清照，有赞赏，有心疼，更有自责，他愧疚自己远离了金石之爱这么久，而李清照却一直专心其中。

这，何尝不是李清照，对他赵明诚无言的爱？

"夫人。"赵明诚忽然有些激动，他为她的才华折服，也为她的情感折服。

莱州，赵明诚重观《集古录跋》后，感慨地写道："壬寅岁除日，于东莱宴堂观旧题，不觉怅然，时年四十有三矣。"

他，荒废了太多，而李清照呢，却是一步一坚韧。

文峰山，莱州最高山，赵明诚重阳一登，让他与李清照的情感，也重回高峰。

几天之后，赵明诚也如愿得到了天柱山《郑羲上碑》的拓片。郑羲，郑道昭的父亲。所谓的郑羲上、下两碑，皆为郑道昭为赞其父一生功德所镌刻。

文峰山、天柱山两地碑刻拓片拓得之事，赵明诚在《金石录》中，这样写道：

……碑乃在今莱州南山上,磨崖刻之。盖道照(昭)尝为光州刺史,即今莱州也。故刻其父碑于兹山。余守是州,尝与僚属登山,徘徊碑下久之。

……初余为莱州,得羲碑于州之南山,其末有云:"上碑在直南二十里天柱山之阳,此下碑也。"因遣人访求,在胶水县界中,遂模得之……

宣和六年(1124),赵明诚莱州任满,调任淄州。

莱州,有过欢,更有愧,这是赵明诚的感受,好在他重回初心,又归于金石文字,对自己的《金石录》又有了新的补充和校正。当然,这更多的功劳,似乎应该归于夫人李清照。这,也是他的愧,调任淄州,正好回转,离青州更近。他也想就此回转,离李清照更近。

对李清照而言,莱州是一座荒荒的城,是一个空空的城,可终究是曲径通幽,在那乱乱的草中却有了个美好的到达。不过,她没有太多的留恋,她怕再向东,会陷入更深的寂寥。如此回转向西更好,那里离家更近,那里,离丈夫赵明诚也应该更近了。

车过青州的时候,她没有让赵明诚停下来,她是怕那些

第六章　帘卷西风，人比黄花瘦

姐妹们，看透这些年的悲喜交集，她是怕突然回到那么安静的回忆里，自己一下子受不了。她觉得自己需要淄州那样一个转折，才能踏实地回归。

莱州之莱，太荒芜；青州之青，太茂盛，如此大的反差，总让人一时难以适应。

淄州，的确是宁静的，虽然不如青州的宁静那么宽敞，那么幽深，可已经有酒了，有茶了，那一架一架的博古格里，放满了李清照的种种喜欢。

这里的宁静，小小的，一如乡村的宁静，有炉火，有炊烟，有静静的落雪在窗外。这忽然间有了老家明水的味道，李清照也悠然间想到了那小小的湖，想到了那小小的湖边小小的自己。

曾经，临水是那活泼的影，如今是清影临碧水，两者皆安然。她，从泉水，已经归成了湖。

莱州，她赌赢了。一生想赢，其实因为她自己是那个最大的筹码。不，那不是赌，无论"黑云压城城欲摧"，还是"甲光向日金鳞开"，她都不偏不倚在那里。那么多的锻打，那么多的洗礼，那个"和羞走"，那个"徒要教郎比并高"，那个"愁人千里梦"的女子，已经有了青铜的底色，所以，今后的岁月，她才敢勇敢向南，不畏向难。山海虽遥，家国虽破，她渐起萧萧刀吟，震人心，震山河。

我、家、国，李清照的灵魂渐向高处……

第七章
秋已暮、红稀香少

1. 车声辚辚马萧萧

每一个别离,都值得盘点;每一个到达,都值得期待,无论悲苦,都让人生一点一点更富质感。

李清照对淄州倒是没有什么期待,一城一城的周折,一城一城的起伏,她已经不悲不喜。四十岁,女人也不惑,更何况李清照不是那锅碗瓢勺中的女子。

这淄州城,有了酒,两个人的酒;有了茶,两个人的茶,似乎回到了青州那时。唯一缺的,是那笑闹。不笑闹也罢,两人都已经懂得了时光紧迫,正好多用心于对古物的查证,对古书的补正。浩瀚的金石学,需要涉猎的实在太多太多,绝非一蹴而就。

一生一部书,赵明诚这么想,李清照也是这么想,她也愿意用一辈子的心血,来成就男人的理想。

在那时,女人纵使多么有才,也只是男人身边递茶掌扇的人。其实,女人何尝不是宁可一世才名都不要,只为爱的男人成书房里的一豆烛火。

李清照,是以丈夫赵明诚为剑的,她自己就是那一世跟随的鞘。其实,她自己才是那剑,赵明诚才是那鞘,是他掩住了她的锋芒,当她失了他的时候,才露出了志节的光芒。当然,无鞘的剑,也遭受了更多的岁月磨砺。

淄州,为齐地古城,文物蕴藏极其丰富,这让赵明诚燃起了更大的热情,公务之余,他全心于学术研究,全力于古物的收集,每有稀有之物到手,便与夫人李清照灯下观赏把玩,然后抽丝剥茧,追踪它的来龙去脉,一笔一笔,工工整整地再添写到他们的《金石录》里。

此时的赵明诚是最勤奋的,他收获颇丰,大量的古器、古书、碑刻拓片等物,一时间堆满了淄州的住处,不得不一车一车运往青州。分拣、收藏、清点、注册,这些细致的事,

第七章 秋已暮、红稀香少

哪怕再用心的仆人也无法完成,李清照和赵明诚,也就不得不一次次往返于青州和淄州之间,好在路途并不遥远。

青州的库房一间一间地满了,又一间一间地扩建,然而赵明诚深入都市的权贵之门和乡村富贵人家的脚步,从没有停止过,甚至一度将《金石录》的编校都放到了一边。

赵明诚为什么收罗古物几乎到了疯狂的地步呢?

回望那段历史,我们似乎可以看出端倪。那是一个纷乱的时代。金国崛起,合谋与宋朝绞杀辽国,在纵横杀伐之中,辽国终被金国所灭。此时,金国露出了锋利的獠牙,说好了与宋朝和平向善的,却突然兵临城下,刀枪相逼。宋徽宗慌慌张张脱下龙袍,将皇位禅让给了儿子赵桓。

宋徽宗,一个文艺的王,贪花竹之欢,入字画之痴。可文艺对于帝王来说,从来都不是幸事,想那后主李煜,谁不说那是词中的一面旗帜,可他却失了国,一个南唐的人,死后成宋朝的鬼。宋徽宗赵佶,也可以说是一个文艺的天才,"瘦金体"独树一帜,可他也失了国,一个北宋的人,也死成了金国的鬼。

传说,宋神宗赵顼曾见到李煜的画像,"见其人物俨雅,再三叹讶"。随后,其嫔妃陈氏就生下了赵佶。都说这是李煜转世来投,以报灭国之恨。这传说固不可信,只是这北宋的确是毁在了赵佶之手。

想那时，宋哲宗驾崩，向太后主张立赵佶为帝王，大臣章惇极力反对，说"端王轻佻，不可立"。向太后极力反驳，说先帝（神宗）曾说"端王有福寿"，便以此为借口，不顾众臣的反对，还是扶正了赵佶。

别的不说，宋徽宗赵佶在位期间，朝令夕改，毫无主见，国中各地遍起义军，比如说宋江，比如说方腊，这些民乱就搅翻了大宋的五脏六腑。而周边异邦时时来扰，又将宋朝虚张声势的铠甲扒了个精光。赵佶掌国期间，都是面对如此内外交困，他何来的福？国破之时，他又被掳去金国，54岁就被折磨致死，这又哪里谈得上寿？

后人感叹说，"赵佶诸事皆能，独不能为帝！"

这，不正是当年的章惇看透的吗？不管怎么说，章惇在立君这点上，眼光还是极其独到的，而且是极富有忠正之心的。然而，章惇却被列入了宋朝奸臣榜，如此，是帝王的偏见，还是史官的误解？

赵明诚任职淄州的时候，正是国内国外诸多乱事纷纷之时，战火之光已在不远处隐隐可见，而那喊杀声也隐隐可闻。

常言道，盛世文物，乱世黄金，赵明诚也是明白这一点的。为什么大量收集文物呢？一来，这乱乱的时节，贫贫富

第七章 秋已暮、红稀香少

富的人家,多把手中的古董之物抛出,此时可以更少的钱财买进。再者,他更担心这些国家宝藏,会在战火中流入异邦,或者被无端损毁。

一个痴爱金石的人,对这些怎么能不心疼?这才有了赵明诚和李清照在淄州的疯狂,也造就了青州库房的汗牛充栋。

让赵明诚夫妇没有想到的是,一切都来得太过迅速。靖康元年(1126)岁末,汴梁为金兵所破,北宋大势已去。正当他们二人面对诸多的文物一筹莫展的时候,远方再传来噩耗,赵明诚的母亲病故于江宁(今南京)。

赵明诚实在是一个不堪的男人,熊熊战火将来,他却以奔母丧为由,只简单地叮嘱了几句,就匆匆南下离去,留下李清照独自在北方的风中凌乱。

好吧,可能他不是逃离,毕竟是以孝心之名。李清照理了理一头的乱发,长长地叹了口气,也无心想那么多。她招呼众人将便于携带而且价值较高的文玩古物装上车。

舍弃哪件呢?李清照左右为难、百般不舍,毕竟那是她和赵明诚半生的心血。那就尽力去装吧,一车,一车,十五车了,山远水远,实在不能再多了。李清照只好让匠人,将那些库房之门细致地封了,这些余存的心爱之物,期待有机会回来再取。

走吧，快走吧，在仆人们的一再催促下，李清照又回头看了一眼，这才转身向南。别了，归来堂；别了，青州，不知道几时还能回？

十五辆车，太过显眼了，尤其在那兵荒马乱的路上，不管如何地躲躲闪闪，都要遭受这样那样的骚扰，李清照只能提心吊胆地以散金碎银打点着。好在一路上碰到都是些匪痞之徒，并不识得风雅，对那车上的破瓶烂罐、古书旧画，实在是不感兴趣。这也就让这些文物，躲过了一劫又一劫。

一行人正向南而逃的时候，忽然身后追来了留守青州的家人，那人还没下马，就声泪俱下，说青州的老宅和那里的一切，已经全部被毁了。

原来，就在李清照走后不久，青州发生了匪乱，嘈杂之中，有歹人放了大火，赵家大院就被狂风烈火刹那间吞噬，几乎什么也没抢救出来。

老家人边说边跪在了李清照面前，捧举着一卷画，说道："夫人，这是老奴尽到的最大努力了。"

李清照打开来看，那是她的画像，正是当年赵明诚为她画的像，一直挂在归来堂里。李清照瞬间就满脸是泪了，立即招呼身边的仆人将老奴搀扶了起来，说道："谢谢，老哥哥尽心了。"

第七章　秋已暮、红稀香少

李清照望着北方，一阵心疼，可又深感侥幸，若是她晚一步走，那局面将是多么不可收拾？李清照也暗暗地恨了一句，那个他，你的心又在哪里？

李清照唏嘘了几声，好在还有这十五车最爱的文玩古物，她不再嗟叹什么，急忙招呼大家赶路。

在这无主的山河里，每慢一步，都将多一步的危险。那个帝王都自身难保，龙袍歪斜，连滚带爬地亡命而逃，谁又能给老百姓遮枪挡箭？

那时，天很冷，寒风萧萧，车声辚辚，李清照和车夫、仆从一众人不敢懈怠，向前，向前，北方远了，南方近了。那里，天将晴了，也将春暖花开。

有他的地方，就是女人的春暖花开吗？李清照不知道的是，越是向南，越是难了，她的人，她的国。宋朝，哪里还有什么春暖花开？只有帝王和他的臣子们的苟且又苟且……

2. 熏透愁人千里梦

烽火四起里，谁该是那个披坚执锐的人？艰难险阻中，谁该是那个铺路搭桥的人？无论何时何地，这都应该是男人的担当。男人就是那个扛起田地和家园的人。

可那个男人，提前走了，却不是去冲锋陷阵。男人，不管有什么样的理由，都不应该把所有的辎重甩给女人。

那是腊月，任李清照将衣衫裹紧再裹紧，也无法抵挡那蚀骨的冷。一阵又一阵的北风，从身后呼啸着追击而来，锋利得无法躲闪，将她打了一个趔趄，又一个趔趄。脚步机械地向前挪动着，真说不上有什么信念。

走吧，几乎全国的人都在向南，向南……

但是，哪里是可以停下脚步的地方？帝王都慌张无目的，那万千的民众，又何去何从呢？六神无主的他们，被乱乱的人流裹挟着向前走，一步三回头地向前走。

国家的灾祸，从来都是百姓的灾祸。

长江，这条横断南北的天堑，让无数大宋子民停下了脚步，回头向北，叩头三拜，然后起身踏上了那激流中的舟船。没有人知道，这是不是诀别，可大家都知道，这是无奈的选择。"靖康之耻"像历史上几次劫难之中的南移一样，一个个北方田野里的桑柳之姓，在南方的山水之中，另立门楣。

这是中国历史中的一场又一场悲剧，但从另一个层面来说，这也是中华文明的一件件幸事。正是这种浩浩荡荡的大迁徙，加速了南方偏远地方文化的萌生和充盈，使贫瘠的地

第七章 秋已暮、红稀香少

方渐渐富庶起来。

那些历代帝王都不肯正眼看一眼的地方，那些贬官罪臣被发配的瘴疠之地，渐渐有了暖色。其实在宋朝之前，南方很多地方已经人烟可见。唐朝的柳宗元是被贬往柳州的，而到了宋朝，苏东坡就被贬往了更远的海南。

其实，也是他们以获罪之身，点燃了文化的火把，照亮了那一处处荒蛮远方。无意之中，他们成了文明的先驱，与以后大迁徙中的民众，在意识上能够迅速融合，并生根发芽。

南方许许多多的姓氏，都与北方有着盘根错节的血脉情缘。

长江的涛声，李清照远远就听到了，她渴望早一点抵达那里，更渴望早一天到达涛声那边的江宁，毕竟她的他在那里。

天寒地冻，道路泥泞不堪，再加上人困马乏，李清照好不容易到达江边的时候，因为渡船尽被官兵征用，可难民依然争挤着登船，一时间乱作一团，踩死踩伤的难以计量，更有掉入江水被浪涛卷走的不计其数。

江涛之声，让乱乱的人心更乱。

人多车多，李清照她们更无法登船，只好无奈地停下来。建炎二年（1128）的那个除夕，他们是在那冷冷的风雨中过的，甚至一碗热的汤水都没有。

我们无法身临其境体会李清照的感受，但我们完全可以想象出她心中的悲凉。

身前，江水滔滔；身后，杀声可闻，江宁也遥遥可望，但无法抵达，那是怎样一个令人伤怀的除夕啊。

天终于亮了，江边的难民却似乎更多了，登船的争抢更加惨烈。李清照尽管心急如焚，却又无可奈何。停留几日，渡江的事依然不见好转，但身后的喊杀声似乎更近了。李清照不敢再迟延，高价雇用了几条船，并予江边的士兵钱财通融，这才将一辆车又一辆车，艰难地推上了甲板。

正月初七，李清照终于到达了江宁。

赵明诚迎了上来。李清照的手是冰冷的，她多想丈夫能紧紧地握住，给她久违的温暖。没有，赵明诚是走过来了，却只是说了一句："夫人，辛苦你了。"然后，转身就招呼着车夫们，把那十五辆车，引向了那江宁城里。

这么些日子里，那风雨之中，李清照看到的不是残垣断壁，就是饿殍遍野，如今看到江宁那端端正正城门的时候，她一阵恍惚。

当年去往莱州，是李清照舍了情感的一段长途，而这次南行，则是她舍了生死的千里之梦，而此刻，她才恍然明白

第七章　秋已暮、红稀香少

自己还在人世。

那是奇迹，可有哪个女子愿意创造这样的奇迹？不是被逼无奈，谁愿意如此无畏无惧？这是李清照在生命断崖上的纵身一跳。

真的，我们再次懂得，李清照的词为什么越来越有质感，那些天真活泼，再也不见。一段苦难喧嚣的历程，是一段生命的沉淀与厚重。

江宁到了，李清照以为这城就是她的春暖，赵明诚的心就是她的花开。可，都不是。

江宁，有滚滚江流可以凭依，也就有了与敌方的侵扰对峙的资本，在很多人的眼里，这里是安稳的。那些逃难的人们，一旦跨过长江，就倚着江宁城的街角，让惊魂未定的自己安一安神。一时间，这里成了向南的灾民最集中的地方，江宁，也就那么地拥挤着。

看着那些破衣烂衫的百姓横斜在街头，李清照的心是疼痛的，心里顿时没有一丝丝春天的暖意了。

赵明诚呢，他是忙碌的，出出进进的，将车上的每一件文物，小心翼翼地搬进房间内，和李清照连个招呼也不打。这，让她更看不到那花开。

李清照忽然问自己，这次南逃的意义何在？仅仅是为了生命的苟延残喘吗？

宋高宗赵构，那实实在在就是为了苟延残喘。这位因为"泥马渡康王"的传说，曾让无数人感动的帝王。最初的他是英武的，是有血性的，作为宋徽宗的第九子，能够主动推开身前的几位皇兄，大义凛然地到金国做人质，那是相当有气势的。以如此英雄的步伐出场，让人一度认为，他是大宋王朝最气宇轩昂的皇子。是的，在异邦的营阵里，他依然是挺直了腰身，在那枪林箭雨中似闲庭信步一般，在金人的威胁恫吓之中，不卑不亢，威武不屈。

这，让金人一度以为，这是一个假皇子，是宋朝欺骗了他们。的确，在宋朝的皇家儿子中，哪有这样的人物？于是，便将他放回中原。

在北宋危难之际，赵构一度被封为掌印一方兵马元帅。

徽、钦二帝被掳，赵构登上了帝王之位，可当龙袍一上身，他就再也不是他了，那种生死不怕的雄风，彻底一扫而光，成了一副猥猥琐琐的样子。

龙袍，那无数人朝拜，视为云天之物的锦衣，是有多么大的腐蚀性，让一个又一个七尺男儿，一披衣上身，几乎都胆魄尽失，成了贪生怕死之徒。

皇帝，真的少有横刀立马之将，少有气势磅礴之帅。

第七章　秋已暮、红稀香少

宋高宗自从在应天府（今河南商丘）登基之后，就再不敢直面敌兵，连最后的一点正气也没有了，轻而易举地信了奸臣，一味地一路南逃。若在哪个城角停下来稍稍喘口气，一闻敌方的号角之声，立时就吓得屁滚尿流，望风而逃。据说，赵构也就在这一路的惊吓之中，失去了生理功能，为此断了后。

江宁，赵构也一度认为是安稳的，也曾想在此安顿下来。可这里曾经是南唐的都城，南唐正是被他们赵家灭的，他若在此面南背北，似乎有一种不祥的戾气在暗处。再者，那日夜拍打城脚的江涛之声，急如战鼓，实在让他难以入睡。此时又逢金兵逼近，这正好成了他的借口，也就又向远逃去。

李清照站在江宁的城头，感慨万千，故乡，那么遥远了，大宋，是如此破碎了。谁能扶大厦之将倾？

> 南渡衣冠欠王导，北来消息少刘琨。
> 南来尚怯吴江冷，北狩应悲易水寒。

那些为国血战山河、忠贞不渝的英雄何在呢，他们只在历史的远方吗？这几句诗不问胜问，不答是答，不哭如哭。

哪一句不让那些念家国的人,心如刀绞。

李清照,这位婉约女子,初起豪放之声,夹刀带剑,却是如此地铿锵喋血,真是让人心疼。

她在那寒风凛冽中,却无人为她披一件披风。

赵明诚不能,今天的我们,也不能。

那时,初在江南的她,心中虽然郁郁难平,虽然茫茫无助,但还是期待着春暖花开的。

在此,不得不再说一句那悲凉的话,其实她不知道,前方,已经没有春暖花开。破碎了的大宋再也无法复原,她和她的帝王,也只能在这残瓷碎片中苟且一方,而这片土地上纵横的裂痕,再也不是北宋那优雅的开裂,那只是一道道伤疤,日里夜里,隐隐作痛。

熏透愁人梦的,不再是那花香,而是那烽烟之味。

3. 小风疏雨萧萧地

他乡,从来都不是归处,就算是锦衣华堂,就算是莺歌燕舞。于那些忙碌之中,或许还能将自己蒙蔽,可终究是藏不住自己的心的,每当夜静窗影摇曳,每当房檐细雨轻落,

第七章　秋已暮、红稀香少

那些遥远的记忆便一点点滋长了，漫溮在心头。

此处安心是吾心，只是一种强颜欢笑的自我安慰。

相对于那些无依无靠的南逃人，李清照在江宁要好了很多，毕竟有遮雨的房檐，毕竟有避风的门楣，毕竟这房檐之下，门楣之中，还有那个他。

可李清照却无心坐下来，心是惆怅的。听着那远方的江涛，惆怅的她叹息着，原本优雅闲适的大宋，竟然就这样破碎了。那看似威风凛凛的皇家宫阙，那看似固若金汤的一座座城堡，就这样顷刻间崩塌了。

北方，满目疮痍。

无心，李清照就走了出去。街上，雨不大风不疾，可是那种湿冷却是透心的。尽管这样，大街小巷的难民还是那么多，他们只有一块破布、一把稻草来遮风挡雨。这边，一阵痛苦的呻吟声，原是一个年轻的男子，已经好几天没有汤米入口。那边，一阵凄凉的哭声，原是一个孩子病了许久，因为无钱求医，已经病死在母亲的怀里。

江宁街头，这高一声低一声的声音，那么熟悉，满街满巷的，都是这乡音，都是这"旧曾谙"的北方的话语。

君自故乡来，应知故乡事。

> 来日绮窗前，寒梅著花未？
>
> ——王维《杂诗·君自故乡来》

　　唐人王维的这一问，虽然有乡愁，毕竟只是闲情一问。李清照呢，她面对一地破衣烂衫，面对病卧街头的北方老乡，她还有什么乡事可问，哪还有必要问？更何况她是刚刚从那里逃离而来。故乡事，是这当下的山河事。

　　这时候，的确正是寒梅季节，可那片墙倒屋塌的焦土上，哪还会有花开？即使有花开，哪还有人来赏。

　　李清照再次想起了故园，想起了她最爱的青州，一时间，那归来堂毁于兵匪之乱的瓦砾，仿佛一下子堆积在了她的胸口，让她压抑得喘不过气来。

　　归来堂，她再也回不去了。

　　李清照只是一个女子，她无力救江山，但不缺善良，看着江宁街头那一个个无助的难民，她强忍住泪水，招呼跟随的仆人，回家取来了米粮。李清照知道，面对这江河之灾，国家大难，她的这些举止，不过是杯水车薪。可她，也只能这么做。她，又能怎么做呢？

　　一粥一饭，是那时她最大的善良了。

　　暮色四合，依然是细雨斜风，一身疲惫的李清照回到了

第七章　秋已暮、红稀香少

家中。赵明诚急急地冲了过来，李清照以为他是来搀扶自己的，心中深感安慰，不想，丈夫却问道："夫人，那《神妙帖》可曾带来？你知道那是我非常喜欢的一件东西。"

李清照倚了那门，向屋内看去，这才发现，那些古书、瓷器、拓片等，摊开了一地。她摇了摇头，又点了点头，叹息一声，指向了一个小小的锦盒。

赵明诚这些日子都是在家待着，每天都在细细地清点从老家带回来的那些物件。的确，那么多的文物，那是要费相当的功夫的。

赵明诚迫不及待地打开那锦盒，那里面，正是蔡襄的三幅《神妙帖》，他大喜过望，连声说："谢谢夫人，谢谢夫人。你真是懂我。"

"我有些累了，先休息了。"李清照再没有多说什么，径直走向了内室。

赵明诚将《神妙帖》展于书案上，久久不能平静，遂研墨提笔，在上面写下了一段跋文：

……此帖章氏子售之京师，予以二百千得之。去年秋，西兵之变，予家所资，荡无遗余，老妻独携此而逃。未几，江外之盗再掠镇江，此帖独存，信其神工妙翰，有物护持也。

建炎二年三月十日（后缺）

这段跋文传递了一个明确的信息，南运来的十五车老物，都是赵明诚的任地淄州所藏。青州收藏的物品应该是就地封存了，而李清照只带出了那里的《神妙帖》。而从中也看出，就算那十五车文玩古物，一路上也多有损耗，尤其到了离长江很近的镇江，再遇盗抢，损失相当严重。

李清照在《〈金石录〉后序》中，曾有一段这样的描述：

至靖康丙午岁，侯守淄川，闻金寇犯京师，四顾茫然，盈箱溢箧，且恋恋，且怅怅，知其必不为己物矣。

这意思是说，早在淄州的时候，当赵明诚听说金兵突破汴梁，一时心情茫然，知道这些文物将不会为自己所有。

因为有了这早早的心理预判，身在江宁的赵明诚对自己的收藏之物的损失，并不是那么痛心疾首，对仅存的寥寥之物，却很珍惜。兵荒马乱之中，还能苛求什么，还能奢求什么？

为此，赵明诚没有责怪李清照，倒也算地道。

灯光下，赵明诚慢慢清理着那些物品，湿了的，他擦一

第七章　秋已暮、红稀香少

下,晾在一边;脏了的,他拭去泥污;还有那磕碰受损的,他拿在手里不住地叹息着,扔了吧,有些可惜,存着吧,又少了太多的价值。犹豫了再犹豫,还是放进了箱子中。他觉得这经了风经了雨,又经了当下之难的东西,还是有存在的必要的。

能在毁天毁地的灾难中,躲过生死之劫的人,都不容易。这些物件也是。在以后的日子里,它们是讲述这段过往最直接的最权威的语言。虽然有残破,或许少了一些精致和美感,但那些重要的信息都有了一个好的传达。再者说,残破本身就是一种更好的诉说。

离乱时代的完美,反而显得太过突兀。

其实,今天的我们,正是从残破中断断续续去解读历史,这,也是远方的真相的真相。

内间里的李清照,虽然很累了,但并没有睡着,她想着街头巷尾的凄凉景象,想着应该在寺庙里再加几口施粥的大锅。偶然间,她被外面的声响把思绪拉了回来。那些纸张展卷的声音,书籍翻合的声音,瓷器古玩相撞的声音,虽然那么轻,却一下子又碰触到了她的内心,让她想起了曾经的青州,不久前的淄州。

这些声音,曾经熟悉而亲切。

青州，李清照和赵明诚，正是在这种种的声响里，度过了那温馨的十年。而淄州，又是在这些声响里，他们的情感重新相融。

那时，赵明诚在淄州乡下寻宝，一位老人递给他一个包袱，他打开来看，竟然是朝思暮想的无价之物——白居易手写《楞严经》。赵明诚欣喜若狂，片刻也不停留，快马加鞭回到家中。那也是在灯下，赵明诚和李清照逐字逐句地欣赏着前朝大诗人白居易的手迹，直到深夜……

这，又是深夜了，那纸张之声，那金石之声，曾经让李清照那么陶醉其中，甚至远远超过了那酒香和茶香，但此刻，她却一点也兴奋不起来。转一个身，看那窗子，那里疏影晃动，外面，好似还下着雨，好似还刮着风，正月夜的街头，那该是多冷啊。

明天，能否是一个晴天？明天，可否有一个花开的消息？

李清照的眼角慢慢地流出泪来。她，没有擦拭，任那两行肆意地流着。她心中有怒，可该怒向谁？她心中有恨，可该恨向谁？

宋朝那百万大军，被金人几万战马的嘶啸吓破了胆，崩溃败逃，如落叶一样，狼狈地翻滚着，慌乱着。在丢盔卸甲的他们身后，是更狼狈的无数难民。灰头土脸的他们，声声

第七章　秋已暮、红稀香少

呼儿，声声唤女，回头看一眼老家破屋的心也没有了，拼尽最后的力气向前奔跑……

奔跑，只为活着。活着，是一种信念，是这时候他们最大的奢求。享受国家薪俸，手中有国家的刀剑的人都走了，你让这些吃糠咽菜的草民又能如何？

长江有滔天之势，是否能阻生灵涂炭？江宁有险，是否能守岁月安宁？异邦之盛气，谁能阻挡？国家之残局，谁来收拾？

李清照满心怅然，窗外，风似乎更急了，雨似乎更密了……

4. 玉骨冰肌未肯枯

江宁这个名字，其实是一种美好的意愿，是期望这江有宁，清水慢流依这城，这城，青砖碧瓦倒映水中，如画。

这江，何曾宁过？正如时光，永远是不息的黑白滔滔，浪奔浪流；这城，何曾宁过？这座开创长江文明的古老之地，在漫长的岁月里，从来都是风云激荡。一人称了王，一将破了城；一人立了国，一人竖了旗，城头号令朝起暮落。在中国几座最声名赫赫的古都中,似乎没有哪一城像这城一样变幻莫测,王权更迭那么匆忙。就算享国近三百年的大明王朝,也只是立国初期,在这里稍作停留,然后就匆匆北上,立北京为都了。

后来的太平天国,近代的民国,同样在这里都没有怎么站稳脚跟,只晃了一晃,就折了腰。

如此看来,长江日夜东流的大势,没有哪个王权能轻易把握。但是,这里却一直是南方最繁华的地方之一,是歌舞升平的好地方。任硝烟一场散去又散去,这城,依然傲立江边,看洪流滚滚东去。这城,或许不宜于王权的骄奢淫逸,却是最适合民众的烟火之地。

李清照来了,她算不得权贵之人,也不能说是布衣百姓,可正是这样的身份,让她有了昂首的国之感叹,低头的家之情怀。

临江的红颜,也起热血;城头的巾帼,也生壮志。怎奈她手无刀剑,只能句句叹,声声呼。李清照希望用那高一声低一声的情感,来激起宋国将士们的复国豪情。

江边的草丛里,城墙上的一角,是有无数兵勇的,可他们一个个缺盔少甲,面如死灰,眼神呆滞地挤在一起,比那些逃难的百姓更没有精气神。若想依仗他们来重振宋朝雄

第七章　秋已暮、红稀香少

风,那实在是痴心妄想。当然,还是有一些衣衫鲜亮的军队的,只是他们正簇拥着宋高宗赵构,向更远的地方日夜不停逃窜着。帝王都抖作了一团,这些无主的士兵,哪知道该何去何从?

其实,在北宋未被破国前,宋徽宗赵佶也这样逃跑过。在金兵团团围困中,他脱下龙袍强硬地塞给儿子赵桓,然后带着他曾经的宠臣蔡京、童贯仓皇离开了京城。据说车马过浮桥的时候,为了加快逃命的速度,奸臣童贯竟然让贴身的随行,用弓箭射退那些追随而来的御前侍卫。

有其父必有其子,东京城里的赵桓,急得团团乱转,怀抱龙袍如怀抱刺猬。他本来也想紧随赵佶,向南逃的,却因为金兵围困得越来越严,只能依了大臣李纲的建议,固守待援。

无奈之中的赵桓,更加坐卧不安,随时都想着扔下龙袍出逃。好在李纲调度有方,汴梁城始终没破,再加上宋朝二十万援军已经喊杀着冲来,如此六万金兵腹背受敌,担心被瓮中捉鳖,也就有了撤退的打算。然而,就在如此大好的形势下,宋钦宗赵桓却向金人求和,而且答应了向其赔款五百万两黄金、五千万两白银,并割让北方三个重镇的议和条件。

如此战而将胜之时却求和，求和却又签下如此屈辱之约，宋钦宗赵桓却好似自己成了兴国之帝王，得意洋洋地邀请太上皇赵佶归京，然后大宴群臣，举国欢庆。赵桓在奸臣媚臣们的阿谀奉承之下，飘飘然起来，立时昏了头，不仅免去了屡屡劝诫加强京师护防的李纲的职务，将其一贬再贬，远远驱离了汴梁，而且还将来援的军队，迅速诏令回到原来的防地。大宋王朝，再一次把软肋赤裸裸地暴露出来。

可叹，宋钦宗仅仅在歌舞升平中陶醉了半年。金兵听说朝中已经没有了李纲，立马卷土重来了，以秋风扫落叶之势，迅速又杀到了汴梁。在京城再度陷入危机之中的时候，赵桓的思维似乎这才回到了正常，再次想起了李纲，急诏其北上护国。然而，当李纲接到圣旨的时候，汴梁城已经被金兵所破，徽、钦二帝尽被擒获，让他在远远的南方徒唤无奈。这位一心为国，却又在帝王的手掌之中起起伏伏的老臣，遥望着京师，跪地长哭。

有什么可哭的呢？两位皇帝都为自己的懦弱和无知，付出了惨痛的代价，只是连累了无数的老百姓。

南宋的赵构，是重新起用了李纲的，但这位只想苟且偷安的皇帝，却又十分忌惮其北上抗金的决心，所以一直不肯重用他。为此，尽管李纲百般努力于复国的大事，但还是郁

第七章　秋已暮、红稀香少

郁而终，一副英雄骨在不甘中，于绍兴十年（1140）正月的风中倒下了。

山河，是无数英雄的浴血而战，却只是帝王一个人的狂欢，而且在他的好恶之中，那些立国兴邦的有功之臣，往往是屈身屈心，难得舒展，不得终其天年者，更是比比皆是。

皇帝，真是枉有为王的名，往往不能身正心正，从而违了天时地利人和，为此，王朝大厦在几度摇晃中，也就轰然倒塌。

北宋汴梁被攻破的时候，李清照还在淄州，如今她站在南宋的江宁城头，终于能仔细地回望那段错乱的宋朝烟雨故事，这让她心中更起悲凉。谁还能为一国的尊严浴血而战？心事重重的她，面对长江，想起了南朝谢朓的诗：

> 大江流日夜，客心悲未央。
> 徒念关山近，终知返路长。
> 秋河曙耿耿，寒渚夜苍苍。
> 引领见京室，宫雉正相望。
> ……

谢朓，与大名鼎鼎的谢灵运被时人称为"小谢、大谢"，这足见其风流蕴藉。但就是这位讲求"好诗圆美流转如弹丸"的诗人,仕途上却不懂得"圆美流转",被无端裹挟进了政治的浊流,死时,年仅三十六岁。

低吟着谢朓的这诗,李清照可谓一句一叹息,一吟一泪流,客心悲凄无尽。她的明水,她的青州,甚至她曾经并不美好的莱州,当然,更有那曾经午夜灯光如白昼的汴梁城,此时都次第入怀,又次第向远。李清照拭去泪水,想努力看清这些的时候,那滔滔的江水,却隔断了她的视线,更远方,是茫茫一片。

来路已断,怕是归途也已断。是的,回不去了,回不去的不仅仅是家园,还有那些或美好或酸涩的光阴。

更悲的是,是这国将不国。

李清照伫立在北宋王朝的这端,想起了北宋王朝那端。那里,也曾有一个人,站在这江宁的城头。其实,那时候这城还叫金陵,是南唐的都城。那人是这城中的王,那人就是词人李煜。

最初的李煜,都是软风软雨的词,以秦淮河边垂钓者姿态写金陵的,待他被困于汴梁,笔墨才渐渐有了血性,虽然还不具备长江之声,但已经满满是家国之叹了。

李清照呢,最初的时候也都是软红柔绿的词,是一个泉

第七章　秋已暮、红稀香少

水边写自我的女子，待她登上了江宁城头，语调忽然就高昂了，叹家叹国叹山河。她的笔墨，有了长江的浪涛和忧患。

这么说吧，北宋，在李煜词风的转折里开国，风云浩荡。北宋，又在李清照的词风转折里亡国，狼烟四处。

站在江宁的城头，正好看一个王朝的潮起潮落。

一个他，南地生欢，北地生悲；一个她，北地生欢，南地生悲。

李煜、李清照，两个李姓的词人，正是那草木之儿女，在最后的日月里，都是年华向暗。在那诗词的感叹里，一个是那玉骨如雪，一个是那冰肌临风。

此时，身在南方的词后李清照，念起了词帝李煜在北方写下的那首《虞美人》：

春花秋月何时了？往事知多少。小楼昨夜又东风，故国不堪回首月明中。

雕栏玉砌应犹在，只是朱颜改。问君能有几多愁？恰似一江春水向东流。

北宋初年的伤感，在李清照这里有了呼应。他和她，这情感的中心点，就是这江宁的长江，就是这长江边的江宁。

有江之城，是如此难宁，那景致，是那山雨欲来风满楼，是那一江挽不住的东流水。

一城的安宁与美好，其实是因为一国的安宁与美好，古今莫不如此。

第八章
怎敌他、晚来风急

1. 窗前谁种芭蕉树

北方,梧桐树是李清照的愁,南方,芭蕉则是她的伤,因为这些相遇都在雨中。

不管是梧桐,还是芭蕉,原本在叶片宽大的这树下听雨,是可以入静入禅的,可李清照的这两两相遇,却是家事起风云、国事起烽烟的时候,时令不对,一切也就错了,一切也就心绪难平。

南方的芭蕉叶如笺,不是正好可以写诗词吗?是的,李清照也常常题字在上面，却总是以泪起笔，以哭收手，都是家国之叹。

时逢北宋、南宋交错，百姓在兵匪蹂躏中东奔西跑，面对如此的历史大裂谷，哪个忧国忧民的人，不是心在深渊？

江宁的李清照，并没有因为经过千难万难之后，终于与赵明诚相见而有些许的欣喜。她是愁苦的，她是忧伤的。原本繁华无边的江岸古都，如今一片萧条，尽显衰败之势。大量难民的涌入，使这里更显杂乱。那一张张焦虑、茫然的面孔，让整个城市更没有了生机。

这些北方的老百姓，日夜不停地奔逃，终于渡过了长江。惊魂未定的他们，都选择在这里喘口气，毕竟横断的江流，在心理上是可以阻挡一下金人的铁骑的。再者，在这里驻足，还是可以看一眼自己的北方的，如果再向南远一步，只怕是声息难闻了。

这里，深深地反映了他们内心的挣扎和左右为难的情感。进一步？不甘心。退一步？不可能。心如那江涛，起伏难平。江宁，无数北方人生死两茫茫的地方。

一声梧叶一声秋，一点芭蕉一点愁，三更归梦三更后。

第八章　怎敌他、晚来风急

落灯花棋未收,叹新丰孤馆人留。

枕上十年事,江南二老忧,都到心头。

——徐再思《水仙子·夜雨》

这首词抒发了元代徐再思这位浙江人的怀乡情思,由北方梧桐的秋声,而念远在江南的芭蕉愁,读来让人感动。可他离乡是为了事业向远,为了功名远求,这种乡愁里还是包含着很多积极的内涵,很多主动的精神,就算一时失意,也不要在颓废中的绝望。这是一种充满光明的乡愁,是峥嵘岁月里的倜傥风流。这愁,多浓也显淡,多深也显浅。

李清照和她的老乡们江宁的乡愁,却是大不同,是被动的,是茫然的,是硝烟之中无奈的落魄。一叹,就是解不开的结;一叹,就是化不开的浓。

家愁有涯,国愁似海。

李清照一入江宁,就似在这海中颠簸,心潮起起伏伏。

南方,多雨。这雨,入了夜,也就入了许多人的梦,却入不了李清照的心。她知道,街头还有许多人,因为无遮无挡,在雨中不能入睡。睡不着的他们,又怎能不想念故乡?那泪,和了这冷冷的雨,湿了眼,更湿了心。

不知道是雨大了,还是心乱了,李清照觉得这夜声越来越扎心了,她忽然就有些怨那窗外的芭蕉树了。

  窗前谁种芭蕉树,阴满中庭。阴满中庭。叶叶心心,舒卷有馀情。
  伤心枕上三更雨,点滴霖霪。点滴霖霪。愁损北人,不惯起来听。

——《添字丑奴儿·窗前谁种芭蕉树》

  这夜雨芭蕉是听不习惯的,不习惯正好起来写诗词,一落笔才明白,不习惯因为自己是北方人,更是失了北方的北方人。点点落墨,都是泪。

  李清照不想独对这样的夜,多想赵明诚能陪她说说话,不必多,倚了那床上枕只三两句的方音,就能让她心底生暖,就会不再为夜雨生愁。可是他睡着了,帷帐里,有他沉沉的鼾声。

  窗外,那雨打芭蕉声声更清晰。

  李清照愈发怅然了,她对赵明诚是有些失望的。其实,这种失望是早就有的,感觉这是一个没有主意又畏难怕事的男人。早在汴梁的时候,李清照受父亲李格非"元祐党人"之罪的牵连,被逐出京城,赵明诚不仅没有一句安慰的话,

第八章　怎敌他、晚来风急

甚至送行都没有。后来，到了赵明诚受了父亲赵挺之的牵连，被罢了御赐的闲官之后，他又是那么茫然无措。是李清照力主回老家山东，为此他们才有了十余年青州安逸而幸福的生活。但当他再被朝廷起用，一离开李清照，立刻就花天酒地、寻花问柳起来，如果不是李清照及时赶到，怕是连那金石学术之事，也一并荒废了。

若国事安稳，或许赵明诚会和李清照重回情感的高峰，又是那赌书泼茶的人生至欢。有谁知，大宋国碎，作为一州之长的赵明诚，不问山河之事，再次慌张得不知如何是好。恰这时南方传来母亲病故的消息，他竟然借着这个因由，在那兵匪之乱步步紧逼的时候，独自南逃了。

那时的李清照，虽然没有生出那"夫妻本是同林鸟，大难临头各自飞"的悲叹，但心里还是颇为凄然。好在李清照愈挫愈有筋骨，将家中的资财，该装车的装车，该封存的封存，将需善后的事处理得有条不紊。

待李清照到了江宁，赵明诚除了没日没夜地收拾他的文物，从没有坐下来和李清照好好说说知心话，更不要说那复家复国的话。

在一次次危难时刻，内不能给家人以安抚，外不能治国事，哪里有一点男人的担当？的确，赵明诚从来不会积极地面对人生,每遇挫折,他除了逃避,就是垂头丧气。

那天,李清照跟随赵明诚祭拜他的母亲,城郊边,那是一座孤坟,在荒草之中更显凄凉。

李清照说:"待有朝一日,还是将她老人家葬回老家吧。"

赵明诚叹息一声,回答道:"唉。看这天下大势,哪有回老家的可能?我们百年之后还不知道埋在哪里。"

李清照看着赵明诚一脸沮丧的样子,是极度失望的。不管怎么说,赵明诚也是朝廷的人,说出这么没有骨气的话实在不应该。在那时,金人的确是来势汹汹,分驻各地的宋朝官兵,心理上没有准备,也就被逐个击破了,若是百万男儿聚首聚心,定能反戈一击,重回汴梁。

李清照在赵明诚这里,没有看到希望,但还是没有彻底失望。

南宋人周辉,曾在他的《清波杂志》中这样写道:"倾见易安族人言,明诚在建康日,易安每值天大雪,即顶笠披蓑,循城远览以寻诗,得句必邀其夫赓和,明诚每苦之也……"

这意思是说,在建康(江宁)的那些日子,每有大雪天,李清照一定去雪中寻诗,得句之后必然要赵明诚来续接,这让赵明诚叫苦不迭。

其实,看雪写诗,都是李清照的一番苦心。

第八章　怎敌他、晚来风急

　　首先看一看，这大雪，原本是北方常见的景象，李清照在南方逢雪必踏，那是她对家乡的思念，也想就此唤醒赵明诚对故乡的思念。我们再来想一想，李清照什么时候让赵明诚同写过一首诗？即使是在青州的时候，都没有，她也不过是和他玩那猜书赌茶的游戏。然而，来到了江宁（建康），为什么突然让赵明诚来和她同写一首诗了呢？我们再来看，李清照到了南方的时候，所写的哪一首诗，不都是家国之音？这样的诗句让赵明诚来续写，那更是要唤起他心中的家国担当来，让他做一个热血男儿。

　　这是李清照在对赵明诚的失望中，燃起的新希望。

　　赵明诚哪有这样的志气，哪有这样的铁骨，他，拿什么样的情感和姿态来续写？也只能暗暗叫苦了。

　　　　两汉本继绍，新室如赘疣。
　　　　所以嵇中散，至死薄殷周。
　　　　　　　　　　　　——《咏史》

　　如此，以王莽篡国，来怒骂奸恶的叛臣贼子，以嵇康慷慨赴死，来嘲弄无骨无胆南逃的君臣。

　　赵明诚叫苦的，不是自己蹩脚的诗才，而是这样的铮铮之声，这样振聋发聩的文辞。雪里寻诗，是寻求一种精神，寻求一种志节，他，实在做不到。

李清照在赵明诚这里，真的没有看到一点男人的担当，所以，她在南方的夜里听雨，听那声声如泣如诉的芭蕉愁，想那北方声声如叹如悲的梧桐哭⋯⋯

2. 断香残酒情怀恶

建炎二年（1128）九月，果实向丰盈。这是李清照抵达江宁后的第一个秋天，她从沉郁中稍稍舒缓了一下，脸上终于有了一缕阳光的颜色。尽管故乡依然那么遥远，尽管国家依然动荡，可她的他，又披上了朝廷的锦衣。

人之善恶，或者说人之正邪，如同水之清浊，是可以改变的。

李清照深深望向赵明诚，的确，穿上官服的赵明诚是精神了不少，那么多日子里的茫然之气，也似乎不见了。李清照真心希望赵明诚经过江宁这一段时间的沉淀，能够敢于担当。

赵明诚从李清照的眼神里，看出了这种期望，他挺了挺

第八章　怎敌他、晚来风急

身子，一步一端正地，走向了衙门。接下来的日子，赵明诚的举止还真是有模有样，周济灾民，巡防江岸，无不有条有理。

这的确像一个江宁知府的样子，这也是江宁知府该有的样子。

可李清照知道，仅这些还远远不够。江宁，凭江傲立，是大宋可进可退的一个重要支点，必须以血肉相守。这里，不容有闪失。

江宁，是宋朝这件残瓷，不再继续向南方深处开裂的一个重要铆点。立与破，关乎大局。

赵构，将如此重任委于赵明诚，那是对他的认可和信任，但其实也从侧面说明了一个问题，皇帝的手下实在无人可用了。

李清照心里明白，赵明诚虽然贵为相门之子，但在政治上少有谋略，军事上更是不见才能。任职莱州和淄州的时候，就已经显现出来，他不过是一个"太平官"而已，庸庸碌碌不会有啥作为的。可国家用人之际，就算有一分之能，也要用十分之力了。所以，每每赵明诚回到家中，李清照都会找一个又一个机会，说些历史的事，说些英雄的事，来勉励自己的丈夫，期望他在紧要关头，有所担当。退一步说，不为皇帝效命，也要为一城百姓谋安，为自己和家人谋生。

赵明诚一边摆弄着手中的陶罐瓷瓶，一边很不耐烦地应着。

对于赵明诚如此心不在焉的态度，李清照很是不安，可她还是叮嘱了再叮嘱。皇帝很远，那些大宋的将士很远，她，还能叮嘱谁，还能指望谁呢？她期望赵明诚是自己的依靠，是一城百姓的依靠。

江宁知府，应该是一个临江高歌的男人。

浪涛的拍打，是给一些人壮胆的，也会让一些人惊魂。

那并不是一个风高浪急的夜，却成了一个惊魂的夜，成了江宁知府赵明诚失魂落魄的夜。

太阳已经落山，在以往的时候，赵明诚早早就回家了，可今天却依然还在衙堂上。他，接到了调任湖州的诏令。这对赵明诚来说，的确是一个好消息。江宁、江宁，其实是依江难宁，那日夜不停的浪涛之声，太让他担惊受怕了。而湖州呢？湖，那才是实实在在的安宁，有湖之州，适宜养人，也适宜养官。这是赵明诚期待的去处，如今遂了心愿，自然是心情格外好。

赵明诚一边收拾着官邸里自己的一些私物，一边和几个同僚有说有笑。

第八章　怎敌他、晚来风急

江东转运副使李谟慌慌张张地赶来，打乱了这里的安逸。他说守城的御营统制官王亦将在夜里举兵叛乱，请求赵明诚采取应对措施。

赵明诚文事上都拿不出什么好的主意，如此一遇武事，实在就慌了手脚，连说自己已调任，让李谟自己想办法。

李谟听了直摇头，但依然以赵明诚之名，号令军民进行了相应的布置。夜里，王亦果然举事，但见各个街道都有设防，知道事情已经败落，一时慌了神，再无心其他，急急忙忙劈开城门，逃跑了……

说来李谟真不是一个贪功的人，平定乱事之后，喜气洋洋地去找赵明诚汇报。

虽然没御外的大事，却有这样攘内的业绩，赵明诚若得此功，他今后的仕途，也许会青云直上。然而，当李谟兴冲冲走进衙堂的时候，那里乱糟糟一片，竟然空无一人。

赵明诚逃跑了，竟然趁着夜色，和几个官员一起逃跑了。

史料上这样记载：

御营统制官王亦，将京军驻江宁，谋为变，以夜纵火为信，江东转运副使、直徽猷阁李谟觇知之，驰告，守臣秘阁修撰赵明诚，已被命移湖州，弗听。谟饬兵将，率所部团民兵伏涂巷中，栅其隘。夜半，天庆观火，诸军噪而出，亦至，不得入，遂斧南门而去。迟明，访明诚，则与通判毋丘绛、观察推官汤允恭缒城宵遁矣。

不过是一场小小的内乱，就让一城之首慌了神。

穿上朝廷官服的赵明诚，在短短的时间内，被罢了官，而一同逃跑的毋丘绛和汤允恭也被官降两级以抵罪。

李清照大失所望，关键时刻，赵明诚弃了城，也弃了她。

江宁，是北方抗金军兵的后方支援地，又是南方宋军抗金的桥头堡，以赵明诚的才能，镇守这里，真的是有点难为他了。他自知力所难及，也知道这城的重要性，也就一次次恳请赵构将江宁作为行在，希望以此为自己的底气。当得知赵构没有驻跸此地的打算后，赵明诚心虚了。当闻知江宁有乱的时候，他深知失了这城的罪过，也就以"移知湖州"为借口，夜遁而去，想给自己找一个不在场的理由。

谁知，一夜惊魂，万事乌有，他就赤裸裸地被晾在了江宁城头。

赵明诚的确是一个没有血性的男人，可经历了这样窝窝囊囊的丑事，也是懊悔不已，无论如何，都愧于这城，愧于这城中的百姓，也愧于李清照。当然，他更难过的是一夜之

第八章　怎敌他、晚来风急

间自己成了一介布衣。

他,沉在家中,不言不语,更不敢出门。的确,他有何脸面再走在江宁的街头呢?他更怕那千夫所指的骂名。二月那夜的夜色,成了他挥之不去的阴霾。

李清照是恨的,她恨赵明诚的无能,更恨他的无耻。如此风吹草动,就让他失了作为朝廷官员的底线,失了男人最后的尊严。她怒其不争地拍桌子,本想山呼海啸地骂个痛快。可看到赵明诚那长吁短叹的样子,明白他也在痛苦中煎熬,实在不忍心往赵明诚的伤口上撒盐。再者,那毕竟是自己的男人,是她李清照在南方唯一的依靠。

他若倒下了,这泥泞的南方小路上,就剩下她自己了。李清照心底那些骂人的话,也就换成了平心静气的安慰话:"人非圣贤,孰能无过?"

永夜恹恹欢意少。空梦长安,认取长安道。为报今年春色好,花光月影宜相照。

随意杯盘虽草草。酒美梅酸,恰称人怀抱。醉里插花花莫笑,可怜春似人将老。

——《蝶恋花·上巳召亲族》

这词，是李清照写在建炎三年（1129）江宁上巳节亲人的聚会上。

这本是一个温暖的聚会，流落江南的近亲，几乎悉数到场。这次春天的聚会，其实有一个特殊的意义，那就是在稍早的二月，赵明诚被罢了官，大家希望这次的聚会能活跃气氛，提振赵明诚的心气。

然而，开始欢乐的氛围，却在聊家聊国的言谈中，慢慢低沉了下来。我们从李清照这首词中，不难看出李清照的情绪不高，但她又依然压抑着内心的忧伤和苦闷，有点强颜欢笑的意思。真的，她对赵明诚有多怨，有多恨，全都不能表达，面对一众久别的亲人，真是欲哭无泪。

赵明诚的长兄赵存诚，时任广东安抚史，他见气氛不对，连忙说："江南乃富庶之地，我大宋君臣依此养精蓄锐，假以时日，必定兵强马壮，还乡北归也就指日可待。"

"指日可待？"李清照端起酒杯，似乎是有些醉了，苦笑一声，"每年的三月三，老家都是风筝满天的。可今年的春天里，有谁在那里放风筝呢？"

一众人低头无语。

潦潦草草几个随意的杯盘，唯有老家带来的酒还算不错，只是入喉难咽，这真不是一场欢心的聚会。

第八章 怎敌他、晚来风急

南方,有这一群逃国逃家的北方人的欢吗?一遥望就是伤,一低头就是泪。

3. 吹箫人去玉楼空

聚散,为期待多少答案而聚,又怀揣多少疑问而散。人生,就是在这种聚散之中,散去再没有相聚。

李清照和赵明诚在江宁与亲人们的相聚,也是散去了。更严格地说,是亲人们为他们送别。他们,要告别这座城。

李清照最初抵达这城的时候,是激昂的,是血脉偾张的,有男儿一样的呐喊。当丈夫赵明诚任了江宁知府,她觉得更应该与这城共生死。她虽然是一个女人,但和丈夫一样,应该有这样的责任和担当。

他,一个朝廷官员;她,一个爱国之民,又作为他的夫人,他们,没有理由退缩。她也希望自己能和丈夫一起,成为站在城头的那旗,迎着北方的风,猎猎而响。

其实,李清照从丈夫那里是看出了怯懦的,所以,她一次次以诗鼓励他,以史警醒他。她觉得赵明诚是能懂她的苦口婆心的,她觉得赵明诚似乎也有了一定的精神硬度,有了一定的思想高度，有了敢于面对滚滚浪涛的胆魄。

最初，赵明诚也的确在用心打理这座城，李清照一度深感欣慰。

有谁知道，那缒城而逃的丑事，就这样猝不及防地发生了。李清照是羞愧的，赵明诚也深感后悔，他们实在没有脸面寄居在这座城里。他们需要一个偏远的地方，深巷陋宅，荒山野水，碌碌而活，不听风，也不听雨。那里没有梧桐，也没有芭蕉。

什么是归宿？也许这不是归宿的归宿，才符合了这心灰意冷，这灵魂上的青灯残卷。

码头上相送的人，正是上巳节相聚的人。没有什么别离的话，说什么呢？在他乡山水的相别，再一次相见大多是遥遥无期，人不是老了，就是少了。尤其在兵荒马乱的那时，相送的话不必太多，一多就深了，一多就伤了，一多就痛了。

船，缓缓向远；岸，缓缓退远，船上人和岸上人的身影，渐渐模糊。突然，赵明诚的大哥赵存诚喊道："三弟啊，如果将来有机会回山东老家，一定将母亲和我的灵柩运回去啊，别把我们撇在这南方。"

这话，惹得所有江上人，所有岸上人，立时泪流满面。

很多人也许生死不怕，迎刀迎枪也面不改色，但身后，

第八章　怎敌他、晚来风急

都还想做那个依乡依土的归魂。那是一种安,是人们精神深处的安。

天乱地乱,兵乱匪乱的年代,这哭送哭别的场面,虽然比比皆是,可每一次都还是触及人们的内心深处。

船在江涛中起起伏伏,赵明诚挥起手响应着赵存诚:"大哥……""保重"两个字还没有喊出口,他也已经是满脸泪。

逆江流而上,船有些慢,就像李清照和赵明诚对江宁的告别,既不舍,又无奈。其实,他们也没有太明确的目的地,只顺了这长江,向西南,那个方向的远方也许会有一个值得停下来的地方。

船,缓缓而行;人,默默无语。

那是一条支流,水并不太多,只是有些浊,不急不缓地流入长江。忽然,有人指着西岸的那条河说:"那就是乌江。"

"是那楚汉争霸时的乌江?"有人问。那人答:"是,就是项羽自刎的那乌江。"

这乌江,不是贵州山川中的那条急流,只是安徽和县一条小小的河,因了楚霸王项羽,从此名震天下。

项羽,是万人难敌的英雄,垓下一战却败于刘邦四面楚歌之计,退到乌江边的时候,他却忽然勒马不前,自感无颜见江东父老,遂拔剑自刎。

> 力拔山兮气盖世，时不利兮骓不逝。
>
> 骓不逝兮可奈何，虞兮虞兮奈若何！
>
> ——项羽《垓下歌》

项羽去了，这大漠风一样的《垓下歌》，让无数人热血沸腾。前有虞姬为使项羽义无反顾而殉情先死，后有乌骓马不食不饮而殉义追随。这深情，悲而壮。

李清照遥望着那岸，忽然就感慨，这不正是她要寻找的英雄吗？这不正是那经天纬地的男人吗？

而她的大宋呢，还有谁能宁死而不屈？

帝王逃过了长江，那些大臣们逃过了长江，那些兵勇们逃过了长江。她的丈夫呢，原本是拿了国家银钱，守在长江边的。没有金兵的战船踏浪而来，甚至没有金兵的战旗隔水相望，只是小小的兵痞之异动，他竟然就落荒而逃了。

他，他们，为了苟且而活，竟然无耻到了如此地步。恢复中原，重整山河还能依靠谁？李清照一直忍着愤怒，总是以号角之声去鼓舞，以旌旗之勇去呼唤，可她没有看到谁挺身而出去冲锋陷阵，她看到的只是一逃再逃的散兵游勇，一跪再跪的无骨皇帝。此刻，她再也抑制不住胸中的愤懑，像那长江浪涛一样，掀起波澜。

第八章　怎敌他、晚来风急

生当作人杰，死亦为鬼雄。

至今思项羽，不肯过江东。

——《夏日绝句》

这短短的诗句，击石拍岸，更如匕首一样，直抵赵明诚的心脏，让他羞愧难当。

是的，这声声的怒骂，呼啸而尖锐，是骂给宋朝那一群无能的君臣听的，只是那昏庸的帝王听不见，那奸人佞臣们听不见；只有丈夫赵明诚听得见。

江流之上，任她李清照满腔热血又能如何？她一个女子根本无能为力。

实在救不了国，那就救救家，救救自己，继续退向时光深处。别的不说，她已经看透了赵明诚，这不是一个可以遮风挡雨的男人，或许在那山闲水闲的地方，倒是可以陪她烟火安稳。不再苛求什么了，毕竟是已经相伴了半生的人，毕竟是身处他乡唯一可依靠的人。

放下山河大志，做一对素淡的夫妻吧，国失了家失了，何必再在意心失呢？怒火爆发后的李清照，无奈地平静了下来。

忆起这段往事的时候，李清照在《〈金石录〉后序》里，

李清照传

是这样写的：

己酉春三月罢，具舟上芜湖，入姑孰，将卜居赣水上。夏五月，至池阳。

池阳，这地名真好。一泓清澈的江南水，映了旭日，满满一池的阳光，好温馨，想一想就让人心旌摇荡。那年，李清照来到这里，也是生了欢喜的。

这池阳，是宋时的池阳，在今天已经称为池州。李清照觉得这地方适合自己养心，也适合失了国家大义的男人慢慢养德。一切正是李清照心中的那种遇见，在兵荒马乱的那时，是难得闪着温馨光芒的地方。

谁知，李清照刚刚把一些辎重放下来，还没把心情放好，包括对那个男人的怨恨，门外，忽然传来一阵急促的马蹄声，原来是帝王的诏书追寻而来了。

赵明诚被重新起用，还是任湖州知州。

赵明诚或许要在帝王面前挽回信誉，在李清照面前争回面子，他简单地叮嘱几句，就打马东回了。那是建炎三年（1129）六月十三日，距他被罢官，也只过去了仅仅四个月。

盛夏，天气太热，李清照担心着飞驰而去的赵明诚。

第八章　怎敌他、晚来风急

远方,很快传来了消息。李清照更有些不安了,因为这太过迅速了。想赵明诚当年赴任莱州的时候,那是很久都没有音信的。

李清照忐忑不安地打开那信,当场就惊在了那里。那是赵明诚得了重病的噩耗,他中了暑,又得疟疾。他人在建康。建康就是江宁,已经在当年的四月改名。李清照三百里水路日夜兼程,当她来到赵明诚身边的时候,他,已经奄奄一息。

李清照握住赵明诚的手,泪如雨下,所有的怨,所有的恨,原来都是那么无足轻重,这个看似没有担当的男人,其实无形中也有他的担当。这灾难的南方,这漂泊的南方,有他的地方,其实就是家,有他的地方,就有了风雨的遮挡。男人是无形的屋檐,是无形的墙。

八月十八日,这数字怎么看也没什么不吉,可就在这一天,赵明诚"取笔作诗,绝笔而终"。

赵明诚弃了这江宁,这江宁果然也弃了他。这里,似乎和他命里相克,他的母亲病故在这里,他也病逝在这里,前后只短短的三年。

李清照是在水边长大的人,与北方的水无不生欢,而她与南方的这江水是不相宜的。不,她与南方的每一处水,似乎都不相宜，一处一伤心，一处一黯然，无一处可掬可饮可凭依。

无他的世界，万事皆空。

4. 旧时天气旧时衣

他走了，走得是如此出乎意料。李清照不仅仅心如刀绞，更有无比的痛悔。

池阳，原本是他们期待情感回归的地方，如那年那时的青州，他研究他的金石学术，她写她的诗词文字，更期待那茶也有，酒也有。

李清照是这么说的，赵明诚也是这么应的，他们一起在那池阳守心。可帝王的诏书一到，赵明诚立刻就按捺不住了，稍有平静的心情，顿时波浪滔天了。

李清照后悔的是，没有阻拦，至少没有叮咛，就那么轻易地让他转身而去。

赵明诚的确是一个应该叮咛再叮咛的人，纵观他一生的行走，每一步都没有主见，从不会深思熟虑。那些错，似乎一次比一次更恶劣一些。

第八章　怎敌他、晚来风急

没有阻拦，是李清照又心软了，她还是放不下国家大事。那真的是一个需要男人的非常年代，他不该只守着她亦茶亦酒，朝朝暮暮。况且，他的确也需要重塑自己。

没有叮咛，是他不给她叮咛的时间，李清照还没来得及理顺心中的话，赵明诚已经打马远走了。那一鞭一鞭地加急，那人那马就迅速地消失在烟尘里。

李清照望着赵明诚的背影，是有些不安的，总感觉哪里有些不妥当。丈夫原本是一个罪臣，若不是那非常时期，早就被打入另册了，真不该是如此春风得意的样子。

李清照是有一些不好的预感，然而，没想到事情比她预感的更糟糕。

池阳一别，竟然是阴阳两隔。

赵明诚从池阳出发，赴任湖州应该直行向东的，可是为了晋见皇上，却不得不向东北方向绕行建康。建康，是赵明诚心中的疼，可他没得选择，因为那时逃窜路上的赵构，正坐在建康城里喘气。尽管他无时无刻不是心惊肉跳的，可依然要装模作样地耍一下皇帝的威风，装出一副指挥若定的样子。

皇命难违，赵明诚只好向此而来，走在建康的大街上，他是惶惶然的，跪在皇帝面前，他也是惶惶然的。赵明诚虽然懦弱，但毕竟还内有善良，这种愧疚是发自内心的。

那种酷热之气，与这愧疚之情，如此内外夹攻，或许是致使赵明诚重病的原因，更有可能还伴以几句皇帝的斥责，群臣们不咸不淡的数声嘲讽。

这里，也就成了赵明诚的生死劫。

建康，赵明诚有罪于这城，竟然要这样以死谢罪？不，虽然夜逃渎职，但毕竟没有铸成大错，实在罪不至死。一城人饶过了他，帝王饶过了他，可命运却从严从重地惩罚了他。

赵明诚急急地赶回建康城，怕误了自己的事业前程，却这样误了自己的性命。

山河无泪，人去无声。赵明诚走了，岂止是楼空，对于李清照来说，那已是一座空城，让颠沛他乡的她，情无处可寄，心无处可放。

李清照就在愧与悔中，回忆远方，回忆曾经，在疼痛中，把赵明诚的那些是与非一点一点地过滤了。忆起汴京初见时那羞涩的心跳；想起洞房盖头初揭起那甜蜜的欢喜；念起青州相守时那无忧无虑的自在；甚至莱州的时光，也泛起在了心头，那深深的酸涩，都似乎那么美好了。

十五年前花月底，相从曾赋赏花诗。

第八章　怎敌他、晚来风急

今看花月浑相似，安得情怀似往时。

——《偶成》

倏尔之前，往事已远。一首《偶成》看起来并不太悲伤，可这物是人非的感叹，让人深深地感觉到，李清照是在努力压抑着自己。真的，再不能同吟赏花诗，只能独写这伤心句。心在那年，人在当下，不说悲，却是更悲。

这首诗，少有古籍收入，是当代历史地理学家黄盛璋老先生，从浩繁的《永乐大典》中寻找出来的，使其重归李清照名下。黄老先生，对李清照的生平颇有研究，出版有多本专著。

命运，曾经那么宠爱李清照，给了她前半生的花开，但又那么残忍，给了她后半生的花落。初到南方的时候，虽然日子苦，可有他在啊。有他在，那漂泊就不是真正的漂泊，那慌张就不是彻底的慌张，那异乡就不是纯粹的异乡。江宁，她还是心宁的，所以施粥饭，施衣衫，忙碌在街头救死扶伤，并鼓励赵明诚能守城守国，希望让这里成为她迈向故乡的第一步。

让李清照想不到的是，她的赵明诚，却在这里失了节，失了官，最后竟然还失了命。

江宁,何宁?建康,何康?这众生的祈愿,这帝王的期望,却是她千哭万哭的绝望。

这样的伤心地,是应该尽早离开的,但离开又去向哪里呢?再者,也实在不舍得撇下赵明诚的孤魂。赵明诚是孤魂,她李清照何尝不是孤魂呢?只是一个在天堂,一个在人间,就好似那彼岸花,花叶不相见。

思念是无休无止的煎熬,白日里,云影离乱,夜晚里,星月无光,李清照难以承受这黑白之色轮番的压榨,陷入了浑浑噩噩的混沌之中。案几上,有赵明诚写绝笔诗余下的墨,只是那墨在砚台里已经风干了,无法蘸笔。

这不就是赵明诚留在世间的最后一点情感吗?李清照触物伤情,也就以墨和了自己的泪,写下了那诗词。

天上星河转,人间帘幕垂。凉生枕簟泪痕滋。起解罗衣聊问、夜何其?

翠贴莲蓬小,金销藕叶稀。旧时天气旧时衣。只有情怀不似、旧家时。

——《南歌子·天上星河转》

《南歌子》,又名《断肠声》,李清照用了这个词牌,正是

第八章　怎敌他、晚来风急

句句断肠写，句句写断肠。

那夜，李清照被泪水湿透的枕席的凉气惊醒，这才发现自己是和衣而睡的。她一边解衣，一边信口问道："德甫啊，几更天了？"

问了，却无人应，无人答。李清照急急地侧了身去，这才知道，他已经不在了。一时间，她呆倚在床头，泪眼蒙眬里，看着自己手中的这件衣服，又想起了在汴京的那年。也正是那时候，赵明诚送给她新婚后的第一件衣服，那衣服，走金穿银嵌玉，华贵无比，成了李清照心中的最爱，若不是大的欢宴和节日，平素里极少舍得穿。

李清照依然清楚地记得，那一次，有人送来了一幅珍稀的古画，她和赵明诚都极为喜欢，只是那人价开得高，钱要得又急，他们实在不能及时付清。这时，李清照抱出这件衣服，让赵明诚拿去当铺典当了。赵明诚知道这是李清照的至爱，自然不肯去当，说道："就是不要这画，我也不能去当了你最喜爱的衣服。"

李清照自己当然也不舍得，只是她知道家中再没有拿得出手的东西，于是，很认真地对赵明诚说："衣服当了，我们可以再赎回来。这画若是错过了，怕是再也见不到了。"

赵明诚愣在那里许久，最后感激地点了点头。

那一次，赵明诚表现得很是男人，没过几天，手中稍宽裕，他便又从母亲那里借了部分银两，将李清照的那件衣服赎了回来。

这一小小的周折，让李清照更喜欢这件衣服。

今天，李清照穿上这件衣服，原本是想在悲伤里，寻找一点心理上的安慰，不想却让自己更加悲伤。

事旧了，这衣服也旧了，那绿丝线织成的莲蓬，因了岁月的磨损，显得那么小了。那金丝线绣成的荷叶，因了时光的剥蚀，也显得那么暗淡了。

这有莲蓬、有荷叶的景，不正是老家池塘的景吗？这，也正是李清照的喜欢。她，又想起了那时的那条小船。

此时，那故乡的池塘，不知谁在那采莲？不知谁在那戏水？不，这是秋天啊，一切是"向萧瑟"的。更何况是兵荒马乱的时候，那池中水怕是早就干了，那莲蓬也早已经没了，一切都是枯败不堪的样子。因为，那依水而居的人们，早四散而逃，去了远方。

远方，如今最爱的故乡成了难回的远方；远方，如今最亲的人也成了难见的远方……

无人的家，易败；无家的人，易老。

第九章
这次第，怎一个愁字了得

1. 卧看残月上窗纱

　　风带不走的，时光可以带走，所以花开了落，所以人生了死，所以那大厦成了废墟。这些，是必然的，是无可违逆的客观规律。但真正轮到自己，谁又能坦然面对？谁又能甘心面对？

　　李清照也不能，尽管她曾经自以为看透了一切，也曾经在青州宁静的时光里，整整浸淫了十几年，可面对天崩地裂的难，她依然做不了那个举重若轻的人。

建炎三年（1129），李清照46岁，赵明诚49岁，顺顺利利，长长久久，怎么看这都是一个吉数，可命运偏偏给了另一个答案。

赵明诚走了，这无异于晴天霹雳。

曾经那么怨他无骨无血，这一刻，李清照豁然，没了那个人，一切都是枉然。她在痛苦里翻转又翻转，直到折腾得麻木了，倚了那窗，看那外面的芭蕉叶，一乱再乱。

那是秋天，风自北方来，北风吹进悲伤人的心头，那风就是悲风了，慢慢地凉，慢慢地疼。有些风可以躲避，而这思念的风不能，甚至越躲避越强劲，越躲避越疼痛。

可面对大痛苦的人，都是选择了躲避的。李清照也是，她独自躲在庭院里，任日起日落，任月升月沉，对于她来说，白天和黑夜是一个颜色。是啊，没有那个爱的人，这世界已经无色无味。

她想要一个梦，让自己站在奈何桥上，责问那人为何总是选择逃避，更声声唤他回头。没有，这样的梦是没有的，甚至什么样的梦也没有。只有那秋天的寂寥，反复地涂抹，让李清照昏昏沉沉。

远处是有声声江涛的，远处是有声声战鼓的，可哪一声能唤人醒，哪一声能敲疼人心呢？大宋的残山剩水里，昏君

第九章 这次第，怎一个愁字了得

和昏臣们，最初的惊慌失措，在一路的溃逃中，也变得麻木不仁了。

赵明诚的绝笔，只潦潦草草地说了一些家事，却没有交代自己的后事。李清照是明白的，赵明诚也一定像他的大哥那样，期待能葬在老家。只是山远水远，更何况老家已经沦陷，让李清照这样一个女子，又能如何？

赵明诚的母亲去世时，她那弥留之际喃喃的乡音，她的儿子是能懂的，可儿子也只能尽其所能，在建康选一块好的地方，心怀愧疚，就地将她葬了。

不说的心愿，往往是最大的心愿。李清照是懂赵明诚的，可一切都是那么无奈，赵明诚母亲的遗憾，依然是儿子赵明诚的遗憾。

依了母亲的坟墓，再为赵明诚造一个坟墓，大哥赵存诚格外悲伤。他原以为弟弟年轻，一定是走在他身后的那个人，如今，却是他为弟弟送行。那葬在老家的愿望，他没能为母亲做到，也不能为弟弟赵明诚做到，将来，是否有人能为他做到？

赵存诚是任职于广东的，有资料说，他将母亲的坟墓移往了南方，大概将弟弟赵明诚的墓一同移去了吧。不久后的绍兴二年（1132），他也病故于任上。那里，是离家乡更偏远的地方。

这是兵荒马乱年代的无奈，赵家说来算是财、势都不错的人家了，虽不能魂归故里，毕竟有一个埋身的去处，在那时，有多少人客死荒野，尸骨无存？

无论多悲伤，若非无奈，都将逝者入土。土，是身与魂最后的归处。李清照将赵明诚葬了，葬在了建康。这里，赵明诚是有愧的，死后依然会不安，但李清照希望他在这里，在江涛声里历练，在愧疚中反思，在遗憾中怀乡。这里，毕竟是离江北最近的地方。

什么样的泪，能将悲伤表达得淋漓尽致？什么样的哭，能将思念说到肝肠寸断？

李清照是用笔墨的，一个有文化的人，一个诗词中的性情女子，笔墨是表达痛苦最恰当的方式。于是，她拿起了笔。那笔，是赵明诚用过的笔；那纸张，是赵明诚遗下的纸张。如此，李清照落笔，自然尽是心中的血滴。

赵明诚病逝时，虽然没在湖州任上，但毕竟有皇命在身，李清照写的那祭文，也就称作《祭赵湖州文》。她这样写，是想给赵明诚一个面子，给自己的男人一份尊严，无论如何，他是穿着官服病逝的。那时，赵构也在建康，李清照如此来写，是不是想让皇帝也给赵明诚一个面子呢？

第九章 这次第，怎一个愁字了得

赵构，大约是没有什么回应的，不然，会有史料记载，李清照也会在《〈金石录〉后序》里有所表述。其实，这也很好理解，皇帝自己都灰头土脸的，没有面子可言，哪还顾得了别人的面子？再说，那正是刀来剑往的时候，这个臣死，那个臣亡，赵构也已经麻木了。当然，他为了自己面子上过得去，有些地方还是要遮掩一下的，对于徽、钦二帝被掳，他从来只是说，圣父和皇兄，是去北方狩猎了。

狩猎，一个帝王，在前呼后拥之中，呼啸于山林草场，有威风，有排面。

可徽、钦二帝这所谓的狩猎人，却是别人的"猎物"，裸了身四肢伏地，在那北方的风里受尽了凌辱和折磨。

赵构这是面子吗？实在是皇帝新装似的自我羞辱。

李清照的祭文，是用了情的，比她原本词文的情，更浸入了血和泪，一字一句，撕裂着自己的身心。

这祭文，她没有喃喃地自读。一些真情原本就不是留给世人看的，所以，李清照将那密密麻麻的字，烧在了赵明诚的坟前。纸灰如蝶，高高低低地翻舞着，诉说着一个未亡人的悲戚。

这段悲伤，可以去想象，却无处追寻。真的，许多人在浩繁的史料中，一次又一次地查找。那些专家、学者们，将双眼使劲凑近那些泛黄的文字，都没能寻找到这篇祭文。我也曾像他们一样努力过，但也是徒劳。

风从天堂来，风在人间吹。好在风听懂了那篇祭文，留下了李清照情感最核心的两句话，那似一副挽联：

> 白日正中，叹庞翁之机捷；
> 坚城自堕，怜杞妇之悲深。

二十个字，让人叹到心疼，让人怜到心碎。

这两句话，原本是两个故事。第一句是说著名的佛家居士庞蕴，知道自己将在太阳正中天的时候与尘世了缘。眼看时辰将到，他双手合十，打坐在地，对女儿灵照说："你出去看着，若是日至正中，快回来告诉我。"一会儿，灵照回来说："太阳虽然是到了正头顶，可是却被遮挡住了。您快出去看看，这样的天象，在佛学里如何解释？"庞蕴觉得这天气太出乎意料，也就起身出门去看，外面却是万里晴空，烈日当头，哪有什么遮挡？待他转身回到屋内，女儿灵照在他打坐的地方，已经坐化了。七天后，庞蕴圆寂，他的儿子闻知这消息，也在田间仙化。

第二句，则是说春秋战国的时候，齐国大将杞梁在与莒

第九章　这次第，怎一个愁字了得

国交战中被俘而死。消息传回国内，其妻孟姜悲痛欲绝，终日哀哭，十天后，城墙也为其深情感染，好端端地就崩塌了。这，也是神话孟姜女哭长城的雏形。

女儿替死，亲人追随，李清照用这样的故事写祭文，是说还不如她替赵明诚去死，如果实在不能挽留，她愿意追随而去。其痛，感天。

夫死妻哀，城墙崩塌，李清照引用这样的典故，是说她的悲伤程度，与孟女一样。其悲，动地。

不必多，只读《祭赵湖州文》这两句就足够了，就可以深深理解逝者的离去，对生者的无比折磨和打击。

李清照，无儿无女无他，无家无国，她该如何面对这个世界？她该何去何从？她，毕竟是一个女子，是一个岁在半百的女子，生有何趣？生有何欢？走，无人可伴；立，无人可倚。在江南，无立锥之地；望北国，却又遥遥无期。

生离，尚可期；死别，是绝望。

我用我曾经写在李清照文字中的这两句，再写在这节文字的最后。毕竟李清照的这悲伤，我已经无力表达，只有泪水，默默地打湿键盘。

2. 伤心枕上三更雨

雨入静心，则是禅；雨入愁心，则是泪。人有什么样的心，则面对什么样的雨，可深可浅，可悲可喜。

许多景致都是如此，在生命的每一个时段里相遇，都会有不同的观感。不是景不同，而是心不同。

建康，这座曾经让李清照荡起热血的城，让她臆想以花木兰的方式战山河的地方，如今，随着赵明诚的离开，这一切也都偃旗息鼓了。她的如歌如叹，成了如泣如诉。

浪涛还在，依然拍打着江岸，这曾经让李清照为此心潮澎湃的轰鸣，却再也难以在她的情感里荡起一点回声。

其实，还有什么能让她心生涟漪呢？就连她最爱的诗词，也好多天没有落笔了。自从写完那篇《祭赵湖州文》，她的心就空了。那笔，没有上笔架，就那么随意地横在桌子上。窗子是开着的，有风吹来，那笔就在风中轻轻地晃动着，晃动着，倏忽之间，就滚到了地上。那笔锋戳到了地上，立时就乱了，乱乱的，像李清照多日不曾梳理的乱发。那笔锋在地上戳出的墨渍，如同她咯出的血。

她，没有去擦拭，也没人去擦拭。她已经多日不容别人进来了，房间里，只有她自己。这世界，何尝不是只有她自

第九章　这次第，怎一个愁字了得

己呢？

这时候，宋高宗赵构是在建康的，可这与她李清照又有什么关系呢？帝王所谓的江山社稷，真的和老百姓没有关系，他们什么时候为天下苍生冲锋在前过？赵构端坐建康城，不过是做做样子给自己看，给臣子们看，让那些愚忠的人以护国周全的名义，来护他周全。

帝王就是国，国就是帝王，一代代的皇帝坐在高处，自以为是，一代代臣子跪在低处，也同样自以为是。

愚昧的历史深处，愚昧的深深认知。偶然有觉醒的民众揭竿而起，也就常常被斥为乱臣贼子。帝王的周围，私私我我，蠢蠢痴痴，总是簇拥着一众人等。

赵构的身边也是有这样一群人的，以阿谀奉承之能，求什么护驾之功。赵构在建康是想好好做做样子的，来证明自己虽然没有背水一战的血性，也有临江固守的决心。他是山河之主，也就可以主山河沉浮。

建康小小的安稳，让宋高宗的确有了些许心气，虽然常常在夜里被江流之声惊醒，但他还是强作镇定地坐在这里。

皇帝的身边是不能安稳的，一有点安稳，就会生出乱七八糟的是非来，就会搅起一阵一阵的乌烟瘴气来。很快，就有人在赵构耳边吹起一股阴风，说赵明诚为了讨好异帮，曾派人将家中价值连城的玉壶，献给了金人。

这使赵构甚是不悦，也就着人查问。这就是所谓的"颁金之案"。

今天，我们回过头来看一看，赵明诚作为朝廷命官，功也罢，过也罢，在他死的时候，不要说皇帝，就是朝廷上下，竟然没有任何人有所表示。如果远在外地也就罢了，可毕竟赵明诚是在皇帝眼前死的，一众人等都毫无反应，这很不正常。大抵"玉壶疑案"是其中一个重要原因吧？

李清照浑浑噩噩于家中，无心于国事，无心于世事，可偏偏有让她躲也躲不开的家事，涌进了愁雨萧萧的庭院。

她，被玉壶之事，震惊了。

那，本是一个讹传，或许说是不怀好意之人的恶意中伤。

世间总有许多人，着意化虚为实，以点成线，说别人的是非，论别人的长短。其实，若是平常的家长里短，李清照是不会在意的，以她那时候悲伤的心境，也无心去理会的。

可是，尽管是一个小小的玉壶，却牵扯到了国家大义上来了，那就非同小可，那就容不得李清照不闻不问。

玉壶之事，真说不上是空穴来风。

赵明诚掌权于建康的时候，有一商人来投，说是自己手中有一玉壶，家传已历多代，都爱惜有加，传到他这里，却

第九章　这次第，怎一个愁字了得

正逢了这家国之乱，若他一个普通人带在身边，东奔西跑中，难免要出差错。他说知道赵明诚是文物大家，又是一方官长，他愿将玉壶献于赵明诚，不图高价，只为传家之物能有一个周全之地。

这话听来，倒是一个两成全的好事。可兵荒马乱里，哪有什么周全之地，赵明诚自己的那些宝物，都还不知道如何安放。可他毕竟是一善良之人，便答应了那人。可谁知，待那人拿出什么玉壶来看，却是一个看起来有些像玉的石壶。赵明诚自然就婉言拒绝了。

那人或许以为赵明诚欺他，或许是自己欺诈没得成而生恨意，走后就放出了一些不善的言语。也或许有人见商人拿了"玉壶"匆匆离了赵府，而心生疑虑，于是，街上马上有了种种猜疑。如此一一相传，到了皇帝这里，就成了赵明诚献"玉壶"的丑恶之事。

茫茫人海，何处去寻那执"玉壶"的商人？而赵明诚又因病而去，死无对证。这事，实在是棘手。

赵明诚尸骨未寒，却被泼了这样的脏水，若是皇帝动了真怒，掘墓鞭尸也未可知，而一众远远近近的家人，只怕也受牵连。

这冤，李清照决意要为丈夫辩白。

弟弟李迒倒是在皇帝身边做事的人，可小小的差官，实在是人微言轻。

宋高宗赵构身边，是有一位可以求助的大臣，那人叫谢克家，刚刚由礼部尚书，升为参知政事，已达副丞相的要职，在皇帝面前说话还是有分量的。

李清照首先想到了这人。谁知，知情的人连连摆手，说，正是谢克家力主严查。

这，让李清照瞠目结舌。

谢克家，是赵明诚的姨表兄，说来那也是至亲，为何在赵明诚的身后，要下如此狠手？

这让李清照想起了一桩旧事。

那也是赵明诚任职江宁（建康）的时候，他从表哥谢克家的儿子谢伋手里，拿过一幅古画，再也没有还回去。李清照也觉得赵明诚不对，几次相问，赵明诚一再说绝无此事。这其中也不知道哪里出了差错，致使两家亲情疏离。

亲情终究是亲情，大是大非面前不帮也就算了，如此落井下石，这让李清照实在始料不及。

建炎四年（1130）的台州，李清照茫然四顾，不见一个亲人，她，伤心欲绝。

那夜，是有雨的，雨至三更未歇，李清照人至三更未睡。

第九章　这次第，怎一个愁字了得

南逃路上，有过多少苦，有过多少难，有过多少泪，可那时毕竟有他。他懦弱，他贪生怕死，即使如此，也能让李清照心中安稳，纵是有惊有怕，也可以让李清照暂时避风避雨。在李清照的心中，赵明诚终究是故乡的那抔土，不足以让她门楣清静，但能让她情有安慰。

南逃，是实实在在地逃难啊。

几多辗转，几多漂泊，一城一乡，踉跄而行，泥泞之中，深一脚浅一脚，衣衫狼狈。那时毕竟有他，他无骨无血，可他在李清照趔趄之中，总能扶一把，在那沟沟坎坎中，搀她一下。

可是，眼前没有他了，这夜里没有他了，只有李清照自己，独对这风这雨这江南之难。

江南，实在是太难太难了！

这无眠的夜里，李清照竟然有些后悔，后悔不该有那乌江一骂。是的，她是想用自己的责骂，让自己的男人挺起脊梁，做一个旌旗与战鼓似的男人，其实她更多的是想以乌江之怒，骂醒那群只顾自己逃命而不顾百姓死活的君臣。

那是李清照真正的用心。

可她的男人，终究不是那气吞山河的人，那种骂只入了心入了肠，却入不了他的骨，只能使他在愧悔中纠结，而不

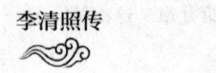

能登高一站，呼喊山河。可以在官场厮混，甚至在书卷里用心，自己的男人不能成天地之间的傲骨。

此刻，李清照竟然想，碌碌一生未必不好，荤荤素素三餐也有味。放下，天涯的尽头，就是家。

至悲之极，还有什么志向和豪情？这样猜想李清照绝不是贬义，而是一种同情，一种心疼。

无路可走，天地不应，你让她怎么办？怎么办？

雨未歇，夜未央，泪在枕上流……

3. 谁怜憔悴更凋零

天下，都说苍生就是天下，可一离乱，苍生就没了天下，进退无助，生死难料，哪有什么世外古道？就算是有那左牵右挂，离散总难了。

家国乱，红尘萧萧，来来往往里都是容颜憔悴。荒山野径里，谁是那个剑出鞘为你护周全的人？可是一回眸，形影相随的他，却是形影不见。最是这一死一生，死断魂，生断肠，这才是望不断的天涯。

说好的，天涯的尽头就是家。李清照千里追寻，没有谁

第九章　这次第，怎一个愁字了得

为她仗剑左右。抵达江边有他的城，以为就到了那屋檐下，有谁知，只有隆隆的江涛还好，却骤然祸起丈夫赵明诚。他，官被罢了，名声坏了。

打点行李的那一刻，李清照觉得与这江宁城，缘分是永远断了的。踏上江船，她再没有回头，她是一个要脸面的人。赵明诚更没有回头，他是羞愧得不敢回头。在向远而去的这路上，李清照也有恨也有怨，但还是放下了一切，决意与赵明诚找一个偏远的地方，从此一横一竖一撇一捺，重写人生。两人席地而坐，说些无风无雨的话，不说那城，不说那百姓，更不说什么江山，这些都太疼痛。

可烽烟里，哪有这样的山水画，谁又能遗世孤立，做采菊东篱的那人。

宿命难违啊，再回江边的这座城，江宁已经改叫建康。城名更改，没改了宋朝的国势，也没改了李清照的霉运，就只一个折返，那相伴的人再也没有了。

李清照将赵明诚葬在建康的时候，她是不想让丈夫一个人在这里的，既然他有愧于这城，她就陪他一起在这里谢罪。一个枯了尸骨，一个枯了岁月，直到那天堂再重聚。

可时局骤变，金人的战鼓已经隐隐可闻，听人说，皇帝赵构昨夜已经冒着雨，逃出了城门。李清照心里本来是没有什么怕的,她默默地坐在赵明诚坟前,也想坐成那样一堆土。在他乡里没有了生相伴,不如就此死相随。

忽然,狂风大作,让李清照从痛苦中猛然醒来。

"必不得已先弃辎重,次衣被,次书册卷轴,次古器,独所谓宗器者,可自负抱,与身俱存亡,勿忘之!"这是在池阳分别时,赵明诚对李清照说的话。

的确,赵明诚在生命的最后一刻,并没有什么嘱托,可此前这句"与身俱存亡",可见他对那些古物的牵挂,这不正是嘱托吗?还有那《金石录》没有定稿完成,这更是赵明诚未了的心愿。

那些,是赵明诚生命的遗存,也是李清照精神的依靠,她不能辜负了这些。李清照在悲痛之中起身,又返回了池阳。

池阳,在李清照南方漂泊的山水里,真的是难得一见的明亮所在。她再次到达的时候,那些存放的古物,一切都好。建康,是不能回了,那里已经一团糟,在那个时候,也许跟着皇帝去奔逃更稳妥一些,可是带着那么多的东西,实在太不方便。李清照思考再三,决定大部分的物品,暂时存放于洪州(今江西南昌),一来那里算是大后方了,二来那里正好是自己的亲戚守城。李清照叮嘱了再叮嘱,将书两万卷、金石刻两千卷等,装上车,送往了洪州。

第九章 这次第，怎一个愁字了得

李清照望着宋高宗赵构的背影，轻车简从，开始了新的逃亡。

台州遇雨，再让她深受打击的是，远方又传恶讯，洪州已经为金人所破，存放的所有物品，尽遭毁弃。她，更是遇到了"玉壶颁金"的谣言，李清照震惊不已，叛国之罪，自己死去的丈夫不承受，她自己也不能承受。

李清照决定将手中仅存的物品，一一呈现给朝廷，以消除皇帝的疑虑。

千爱万爱，终不能为自己所受。放手，或许真的就没了负累。

宋高宗的身边，终究是有一群计谋之人的，要说治国不行，那一说逃命，个个能献计献策。从山到河，由河入海，再由海回陆地，昼伏夜出，迂回穿插，赵构溃逃的路线，比那蛇行还多了千百的曲折。

前面是皇帝那隐隐约约的影子，后面是金人追击的马蹄声，李清照追随皇帝的脚步不敢有丝毫的懈怠，可她毕竟是一个女人，一个五十岁的沧桑老妇，不管她多努力，也只能看着赵构那越来越远的黄罗伞而望尘莫及。

战乱的年代，乱事丛生，李清照携带的文物，遭抢遭劫，已经所剩无几，到达越州的时候，手边不足十个藤条箱了。

这一年，是绍兴元年（1131）。这一年，金兵追击的势头见缓，宋高宗赵构在越州停下了脚步，稍稍定了定神，于是又端起帝王的架子，以"绍奕世之宏休，兴百年之丕绪"之意，将年号改为绍兴，升越州为绍兴府。

他再次以为，自己就是那中兴之王。

李清照寄居在越州的一户钟姓人家，是谨慎又谨慎的，将那几箱书画等心爱之物，一一放在了自己卧室的床下。为防意外，哪怕只出门几步，门一定落锁。平时也常常亲手打开箱子细细查看，生怕再出纰漏。

防天防地，总是防不住人，这人，自然是贼人。尽管李清照是如此小心，可还是出了差错。那天，她再次伏身向床下查看的时候，竟然发现墙壁上有个洞，不知何时被打穿的。李清照慌乱翻看，那些东西，此时已所剩无几。

李清照颓然瘫坐在地上。

她，还有什么能在心头？也就是这些东西了，如今再遭偷窃，可谓灭顶之灾。为了挽回这些心爱之物，李清照传话街坊，决定以金银赎回。很快，那姓钟的邻居，就拿着十八轴古画来求赏金，并闪烁其词地说，持有这些物品的人他并不熟悉，更不便透露姓名。从他那探头探脑的形迹里，李清照早已经看出个所以然来，可又不便说破，按价付了赏钱后，

第九章　这次第，怎一个愁字了得

并再三恳求那人，希望帮忙将其他东西也一一找回。

那钟姓人自觉心虚，若依了李清照的求助去做，或许实在是太过显形，也就再也没有露面。

越州丢失的那些东西，再也没有找回，让李清照悲愤交加，却又徒唤无奈。此时，她手中存留的，只有价值不高的一些书帖书册。

"所有一二残零不成部帙书册，三数种平平书帖，犹复爱惜如头目。"尽管这些东西价值不高，她却更加爱惜，视如自己的生命和眼睛。

提起这段往事，会让许多人联想到后来的一段逸事。说是明朝的大臣张居正，在面试一位钟姓即将升迁的官员时，听那人说来自浙江会稽（绍兴的别称），立时脸色沉了下来。那人感觉不妙，连忙说自己是刚刚从别地搬至那里。可张居正根本不想再听他说些什么，直接将其轰出了大堂。那人不但没有升官，反倒被降了一级。

据说，当时张居正在读赵明诚的《金石录》，从那后序里，知道了李清照在绍兴的不幸遭遇，非常气愤，恰恰又遇了这样一位浙江会稽的钟姓官员，自然就生了怒。浙江会稽的，又姓钟，有啥好解释的？烦的就是你。

张居正的举动的确是武断的，但也不过是爱屋及乌的表现，尽管如此，也无法为宋朝的大词人李清照出一口恶气，只是他为解自己心中的一口闷气。

历史的远方，李清照的这口恶气，一直闷在胸中，她绝望地站在那里左顾右盼，无一处不悲伤，无一处不绝望。

寻寻觅觅，冷冷清清，凄凄惨惨戚戚。乍暖还寒时候，最难将息。三杯两盏淡酒，怎敌他、晚来风急？雁过也，正伤心，却是旧时相识。

满地黄花堆积。憔悴损，如今有谁堪摘？守着窗儿，独自怎生得黑？梧桐更兼细雨，到黄昏、点点滴滴。这次第，怎一个愁字了得！

——《声声慢·寻寻觅觅》

本以为日子向好，却不想再遭受这样的打击，李清照细细一想，其实，这才是最惨的时候，爱的人没有了，爱的物也没有了，只有自己一个人独对黄昏。那夜色的浓愁，扑面而来，无可躲避。

亦老，亦无依，至暗就在眼前。

第九章　这次第，怎一个愁字了得

4. 一江春浪醉醒中

最暗的时刻，谁不期待光，哪怕只有一缕，蜘蛛丝样的一缕。这，就会成为渴望者的纤绳，从而有了拖拽生活的信心。或许早就意识到，这太细太细的信念游丝，无法承载太多，甚至不需要用力就会断，可依然会尝试，那是因为，实在别无选择。

李清照还有什么选择呢？毕竟身无长物。走吧，无路也得走，毕竟已经没有了退路，毕竟那个皇帝也走了。

皇帝，就是那蜘蛛丝一样的光，无可承载，却又让人有所幻想。

绍兴，历史悠久的文化古城，越王勾践曾在此卧薪尝胆十年。那时，勾践是踏实下来在这里的会稽山上种兰的，以兰之国香，成就了国之利剑，勾践剑一出，完成复国雪耻的大业。

宋朝，的确是有兰之漪漪的文艺香气，但缺少的正是剑气。几经苦难的赵构，是有勾践一样的遭遇的，或许他在绍兴停留，并改了年号，似乎也是为了表示复国的大志。

宋高宗赵构选择这里停下来，那还是有一定心机的，更或许是受了哪个大臣的点拨，他也就顺势而为。然而，他实在没有越王那份宏韬大略，既无心于种兰养德，也无心于磨剑励志，只是做了做样子，稍稍停留后，就匆匆地离开了。

什么复兴，什么大业，命才是他心中的万里江山。

的确，赵构的身上，真的没有一点兰的清香，更没有一点剑的形影。那，不过是龙袍包裹下的一副无骨之肉。

这次，赵构没有继续向南，而是转而向北，抵达了杭州。

在这里，不要以为他真的是有了绍兴之心，得了绍兴之勇，有了北复大宋的利器。这不过是皇帝玩弄的又一个心机而已，向北挺进半步，以这种迂回的方式，收买人心。打开地图就会明白，杭州，可逆流向山河腹地，可顺江下大海远方，他是为自己选择了更利于保命的地方。

说什么"漕运不济"，赵构离绍兴，上杭州，完全不是什么雄心顿起，而是给自己的私心，找一个冠冕堂皇的借口。

的确，绍兴的乌篷船太小，可适宜休闲，但与皇帝逃命就太不合适了。

宋高宗赵构，再改杭州为临安府。

临安，皇帝再玩心机。临安、临安，临时安置之地，继续向北，才是心中的宏图。的确，从绍兴到临安，他已经开始向北行动了。他的意思是，期待更多人围拢来，共谋大业。

一步一步，赵构似乎是在登高一呼。

第九章　这次第，怎一个愁字了得

在那逃苦逃难的路上，还有这样的算计，实在是难得了。其实细想一想，在长江北方的时候，为什么不见赵构有过这样的表达？相对来看，南方的环境要宽松了许多，毕竟金人的刀锋渐渐无力抵达，他这才壮起胆子说些大话，装装威风，拢拢人心。

赵构懂得，若人心都散了，这半壁江山就没有了。

绍兴二年（1132），赵构抖了抖自己颤抖的心，整整满身尘灰的龙袍，决定以临安为行在。流落南方的北方人，陆陆续续抵达了这里，他们是以赵构为主心骨的，这是一群渴望回老家的人。

这个春天，李清照也来到了临安。

临安的春天，并不是李清照的春天，自从赵明诚去世后，她就大病了一场，再加上多地的周折，身体是大不如前了，更由于经济上的窘迫，使她生活更加艰难了。不过，临安倒是给了她一分临时的安宁，简陋的院落里，毕竟可以把仅存的残物规整规整，可以把慌乱乱的心轻拿轻放了。偶尔，还有弟弟李迒推开门，笑着叫一声姐。

在这江南，李清照第一次安安静静地，将赵明诚的《金石录》文稿，在阳光下慢慢打开。细风吹来，那纸页的轻响，让她又梦回青州。风，忽然重了一些，那文稿有些乱，李清照急忙一一按住,这让她刹那醒了。

她,还在病中。

临安,原本只有她自己。李清照想想离开建康后,山山水水的那些风雨艰难,她实在不敢再想今后。那未可知的日子,让她一个人如何面对?

一阵敲门声,那么文雅有风度。李清照知道这不是弟弟的,弟弟的敲门声,是毫无顾忌,一轻一重,都有一种亲情的韵味,是那种外人无法感觉到的内在格律。

来人是张汝舟。是的,正是汴梁城曾经遇见的那个张汝舟。他,在李清照心里,毕竟是一个恶浊之人。临安再相见,李清照自然是一副不冷不热的姿态。

张汝舟无滋无味地稍坐之后,只得讪笑着说道:"易安,我还会来看你的。"

软软的江南雨一样的易安两个字,让李清照一阵恍惚。好久没人这么叫她了。

张汝舟果然又来了,恰恰弟弟李远也来了,两个人就在李清照的小院里,有说有笑忆起一些汴梁旧事。偶然间,张汝舟还会低下头来,说自己那时是多么年少轻狂,一副痛心疾首的样子。李远也在一旁插一句,说自己更是懵懂无知。

年轻人,谁没有过鲁莽和草率?李清照暗暗地叹了一口

第九章　这次第，怎一个愁字了得

气，沏了一壶茶。那茶叶在茶水里沉浮，是她心在翻滚。那茶叶在茶水里的，更像是张汝舟心事在翻滚。

张汝舟一次一次走进李清照的小院里，慢慢开始对李清照发起了誓言，他说他愿意与她共话诗词，共品江南烟雨，也愿意和她一起完成赵明诚的未了心愿。

这誓言说得那么真，说得那么入心。李远感动了，连说汝舟兄真是一个性情中人，是一个真诚之人。

或许，这就是真的吧？

李清照年已半百，红颜已老，早不是那个自比桂花的汴梁才女，再者，她又身无长物，又有谁会无端动情？

重病一直反复的李清照，的确需要有一个可心的人搀扶一把，不为风花雪月，只为从此相伴光阴，让日子有一个安稳。

有的人双手合十，不要以为他默念佛歌和禅语，或许是为私利在暗自祷告。以私欲为目的的善良，有时候还不如赤裸裸的丑恶。李清照没有想到这些。

张汝舟将李清照迎进自己的门庭之后，先是半哄半骗想得到文物古玩，当得知李清照已经两手空空的时候，立时就露出了狰狞的面目，时不时毫无遮拦地信口辱骂，间或还要拳脚相加。

临安，得一分稍稍的安宁之后，却突遭如此奇耻大辱，李清照痛悔交加。一路向南的奔逃中，她失去了太多太多，家与国，丈夫与他和她都爱的金石古物，如今，她又颜面尽失。此时，她想起了那个不肯过江东的项羽，自感比霸王更无颜活在这世间。

那个男人不在，李清照伏在床上悲泣不已，她的手忽然就触到了，放在床头的《金石录》文稿。这，成了她活在世间的唯一理由。

是的，那个曾经情怀铿锵的女子，怎么能甘心坐以待毙？她擦干眼泪，奋笔疾书。为了自己逃出苦海，她决定告发张汝舟。这个丑陋的男人，曾在酒后大言不惭地炫耀，说自己如何手段千般，求官的途中都可以计谋频出，更何况李清照这样一个孤陋寡闻的老女人。

张汝舟的狞笑，让李清照忍无可忍，向官衙递出了自己的告发书。她要用自己最后的一点力气，撕裂那个丑陋不堪的男人。

张汝舟被以"妄增举数入官"而削去官职，流放去了柳州。

柳州那时是一片荒城。更早时，唐朝的柳宗元也被贬往那里。但两个人抵达柳州的意义截然不同，一个早已成为粪

第九章 这次第，怎一个愁字了得

土，一个却是那城的柳色青青。今天，那纪念柳宗元的柳侯祠还在，那是千年的唐诗风韵。

宋朝有一个恶劣且非常具有歧视性的法律，女子诉讼丈夫，就算是成功，也要服刑两年。李清照，锒铛入狱。好在有得力的亲人及时出手，李清照只在铁窗内待了九天。

那天，在临安的大街上，她伏在弟弟的肩头，放声大哭。

岁月将一个优雅如水的女词人，逼成了这般披头散发的老妇人。

西湖的画舫上，谁在咿咿呀呀唱着哪位词人的轻曲慢调。女词人已经愁苦地老了，那湖水却还是那般地不知愁……

第十章
连天衰草，望断归来路

1. 人道山长水又断

所谓绝望，只因无望。

身陷囹圄的李清照，是绝望的。深墙如井，唯有那小小的铁窗，供人"坐井观天"。在这暗黑的地方，她形容枯槁，心如死灰。千难万难，何尝想过有此一难？

浴火重生，遇难呈祥。当重新回到临安街上的时候，明白自己已经不能归来，就像难以回归北方。真的，那些恶言秽语，将会兜头泼来。

那，毕竟是男人的天下，他们可以三妻四妾，也可以狎妓，终不许女人在生活里稍有闪失，纵是身正影正，男人也可以凭自己的喜怒，一封无端的休书，将女人送回娘家。没有谁会堵在男人身前，义正词严地骂上一通，甚至说几句恶话的可能都没有。倒是那女人，从此低头弯腰，遛着墙根做人，还要时不时地被唾上两口吐沫。

想一想，庆幸李清照内心有男儿的血性，才有了这绝地反击，才有了这置之死地而后生。无论如何，李清照没有倒下，她以不屈的坚韧，点亮女性们灵魂的灯火。

只是这光太弱太小，不足以唤醒所有那些善良的心。后来那个叫朱淑真的女子，心思上刚有些抗争，就被逼跳入水中，后又被投入大火之中了吗？一个可与李清照才华媲美的才女，生生落了个"水火不容"。

说起来，李清照是幸运的。

她的幸运是源自一众亲人，在最危难的时刻，没有袖手旁观，而是为其奔走呼号。尤其是綦崇礼关键时刻的施以援手，才使李清照脱以牢狱之灾。

綦崇礼，山东密城人（今山东诸城），相传为赵明诚的姑表哥。汴京城破后，他几乎一直跟随在赵构身边，是朝廷中难得的正直之人。正是他将秦桧卖国求荣的罪证，一直保存在身

第十章　连天衰草，望断归来路

边，临终之时更是交于女儿手中，才使我们今天能看清秦桧那张丑恶的嘴脸和肮脏的心。

李清照从来都是一个知道感恩的女子，刚刚回到家中的她，虽然身心俱疲，但还是马上写了封信。这封《投翰林学士綦崇礼启》，除了表示感谢，还将张汝舟这个骗婚骗物的小人，进行了细致而全面的控诉，甚至表露了自己为此身败名裂的愧怍，以及不想苟且于世的绝望之情。

临安，难安；易安，不易。

李清照在这绝望之中，迎来了一个好的消息。

秦桧被罢免了，而且皇帝的诏书里，明确有永不复用的意思。

秦桧自北方还朝，提出"如欲天下无事，南自南，北自北"南北分治方略，这曾让宋高宗赵构大喜过望，这也是他想苟且于南方的意愿。几年的安稳，似乎让赵构有了一点底气，忽然冲秦桧怒喝道："我乃北人，让我归于何处？"

这一年，是绍兴三年（1133），宋高宗忽然就生出了派人去北方探望一下徽、钦二帝的想法，那毕竟是他的父亲和哥哥，顺便打听金人内心的真实想法。当然，硬碰硬地打一场，他还没有这样的胆魄。赵构的目的，是想讲和，他的和，与秦桧又有所不同，不是那种明目张胆的卖国，而是力求所谓的公平公正。这其实不是赵构的想法太天真，而是又一个暗藏了的心机，是想把秦桧和他一起搅乱的人心，再次聚拢。

在众人眼里，金兵是茹毛饮血的虎狼，是吃人不吐骨头的恶魔。至于秦桧是如何全身而退的，大家心知肚明，若不做出些苟且之事，那是万万不可能的。所以，出使北方，实在是一个九死一生的差事。

在宋高宗的喝问里，没人敢应声，他怒气正起的时候，突然有人出班大喊："臣韩肖胄愿往！"

韩肖胄，宋朝已故名相韩琦的曾孙。

韩肖胄冒死北行的消息，一传上长街，百姓们无不拍手称赞，让流落南方的难民重燃希望，或许从此刀枪止息，他们就可以回到那山遥水远的北方了。

临安，本就是一座摇摇晃晃的城，满城的情绪，甚至整个南宋的情绪，都是萎靡的，这样的消息，无异于一道璀璨的光，让李清照也深受鼓舞。本来在悲凉和痛苦中日渐消沉的她，再一次被唤醒心底的豪情，以血泪为墨，为韩肖胄壮行。

……

径持紫泥诏，直入黄龙城。

第十章　连天衰草，望断归来路

单于定稽颡，侍子当来迎。

仁君方恃信，狂生休请缨。

……

子孙南渡今几年，飘零遂与流人伍。

欲将血泪寄山河，去洒东山一抔土。

李清照称尽管自己是一个见识短浅的寡妇，但也深知北人奸诈，更望韩秘书官多做防范。她相信韩肖胄此次北上，定能不辱使命，舌战"虎狼"之师，谋取山河旧土，让万千百姓重回家园。

《上枢密韩肖胄诗二首》，大概是李清照存诗最长的诗歌了，那洋洋洒洒的文字，都发自肺腑，一会儿如泣如诉，一会儿又如号如鼓，淋漓尽致地展现了李清照的内心。她多么渴望早一天回到老家，去祭拜一下淹没在荒草中的祖坟。

她，应该也想到了赵明诚的坟吧。建康，那座在金人和宋兵厮杀中，几度易手的城，赵明诚的灵魂在那里哪能得安宁？李清照也应该更想把丈夫的坟，迁回老家吧？更何况自己堪堪已老，也渴望着最后能魂归故里。

其实，李清照还写过这样的句子：

木兰横戈好女子！老矣谁能志千里，但愿相将过淮水。

她多想披坚执锐，做一个花木兰一样的女子，纵马沙场，与士兵直击淮水之北。一个老弱的女子，竟然有纵马山河的豪情壮志，这让多少男人汗颜？可叹，赵构和他的一众从臣们，却甘于抱残守缺，龟缩在自己的小山水里。

南宋，天下无骨，李清照却不肯弯下脊梁。可以苟且于生活，但决不能苟且于国恨！

就是这样一个傲骨铮铮的女子，却因一步再嫁的错，受尽了冷嘲热讽，一些后世的人，更是揪住李清照情感上的这一处软肋，发出一声声鄙薄之语，说什么"晚节不保"，说什么"流荡无归"。这些闲言碎语的男人，为什么不说一说她那伟岸如山的爱国情怀？

这些所谓家之小的"名节"，相对于国之大的"气节"，哪值得一提？

古往今来，很多人都以道德之词吹毛求疵看世界。这是一种病态，这是一种悲哀。

一臣之勇，终是不能定天下。韩肖胄回来了，他没有给朝廷带来什么好消息。他的失败，不是他不够机智，更不是不够勇敢，他是败于整个南宋朝廷的虚弱。弱国无外交，从来都是这样。

第十章　连天衰草，望断归来路

金人就在韩肖胄沮丧的身影后面，忽然又起刀兵，他们狂叫着踏过长江。他们，真的像一股决堤洪流，刹那间，将小小的江南，冲了个七零八落。

赵构慌忙跳下龙椅，抱着玉玺，就往皇城外逃窜。

临安，又乱了。南宋初年时逃至这里的北方民众，在城中占比可达七成以上。他们一直追在皇帝的身后辗转而来，如今赵构一跑，临安人几乎倾城而逃，大街小巷人流如涌，哭喊声乱作一团。

李清照也在人流中，被裹挟着，向南。她沮丧到了极点，再一次无奈地背北而去。

临安的皇城，与诸多"坐北朝南"的皇城不同，却是截然相反的"坐南朝北"，如此违反"周礼"的构建，是表达宋高宗胸有北复的雄心，或者是默念困在更北方的父亲和兄弟？

其实，一切，只因太过匆忙；一切，只是地势的无奈选择。当然，赵构和他的从臣们，也就顺势而为，吹嘘着自己那向北的壮志。然而，这皇城的内部构建，还是暴露了他不思进取的内心，小小的方寸之地，竟然筑起二十余处娱乐场地。

山外青山楼外楼,西湖歌舞几时休?

暖风熏得游人醉,直把杭州作汴州。

很多人不知道南宋的这位诗人林升,对这首《题临安邸》却耳熟能详。这,不仅是一个爱国之人对民族命运的忧虑和痛惜,更是对君无志、国无望的悲叹。

故乡远,远到山长水断……

2. 归鸿声断残云碧

很多时候,纵然我们有多么坚决回头的心,但再也没有回头的路。命运,没有供人预设方向的沙盘,或许你能看清来路,但永远只能向前,一步一步,不管多么无奈。

李清照以为,临安是她逃难的南方终点,也将是向北回归的起点,毕竟无数宋朝的军民,都在这里集结了,毕竟朝廷似乎也在这里蓄力。

倡导向金人求和的秦桧被罢了官,朝廷派出的使臣,也打马向北去了。这,是值得高兴的事。

李清照看到了曙光,可这不是曙光,而是斜阳之下的

第十章　连天衰草，望断归来路

残云。

绍兴四年（1134），金兵再次大举南犯，临安岌岌可危，臣民乱作一团。李清照这才明白，朝廷的懦弱远没到底线，自己的苦难也还没到底线。

又是向南，那是多么难啊，可她无所选择。那是冬天啊，南方的冬天里，她一步一挪，心思游离。

原本，这是最宁静的一年。李清照走出情感上的阴霾，重新点亮了书房里的烛光，那里，久违的墨香也袅袅而起，透了纱窗，漫了绿竹和芭蕉。真的，她好久好久没有拿起笔了，当手指触摸到笔管时，感觉是那么美妙。

她，并不是一无所有。那些文字，就是存放在锦囊里的种子，一直贴身随行，她只要一播撒，就是一个春暖花开，就是一片硕果累累。

李清照就在这个春天里，将丈夫赵明诚的《金石录》文稿，进行了最后一次校勘。

掩卷而思，她觉得还有话想说，还有话要说。

人，是那么沧桑了，这正适合说沧桑的岁月。手是有些粗糙了，昨天劈柴扎的刺好似还在，这却也正好写人生的痛与血。但墨还是那么锦绣，笔锋是那么柔滑，李清照把握这一切的手法，依然那么游刃有余。

才华,从来都是她夜行的锦衣。

李清照笔走龙蛇,写下了她一生最旖旎的美文,这美文也是她花开花落的一生。就在这年的八月末,她笔腕圆润地一圈,在纸端带出一枚饱满的秋果。

写完《金石录后序》,也意味着《金石录》编写编校完成。她了却了丈夫赵明诚未了的心愿,她也以此遥祭魂在远方的他。那深深的夜里,她轻轻地叫一声:"德甫……"。

山河无泪已哭,天地无情也叹。

秋天,最美的正是硕果之色,李清照将浩繁的《金石录》文稿,进献给了朝廷。

弄武事心不在焉,弄文事总是乐此不疲,宋朝的一个一个皇帝,大都如此。赵构也是这样,他翻弄着《金石录》,大喜过望。文事兴,昭示着家国安。的确,那正是临安一片宁静的好时光。

李清照也以为,或许这个冬天,她可以安安心心地去看梅花了,看那孤山的梅花。孤山,是林逋的孤山;梅花,是林逋的梅花。

林逋,都说是一个淡然红尘的隐士,其实是为爱所累的情痴。四十岁,的确是不惑之年,他隐在孤山,看似放下,其实一切都没有放下。梅妻鹤子之名,看似放达,却是更深

第十章　连天衰草，望断归来路

的情感表达。

他，有写梅花的名句："疏影横斜水清浅，暗香浮动月黄昏。"

这，惊艳了一代又一代文人墨客，让他们望梅花而不敢落笔。李清照也曾说："世人写梅词，下笔便俗。予我试作一首，乃知前言不妄耳。"

林逋能将梅花写到极致，其实是因为感情也到了极致。

那疏影，那暗香，原是谁家的深深庭院里的红衣影，女儿香，他只在那漏窗里惊鸿一瞥，却再也不见，再难相见。于是，相思成"灾"，他以孤山之孤，来栽相思之苦。深情之栽，缘于深情之"灾"。多少年之后，他墓中一男人的端砚，一女子的玉簪，道尽了他深隐心底的梅花缘。

李清照喜欢林逋的诗句，她也喜欢梅花，以她形单影只的孤独之身，去孤山看梅，似乎也非常恰当。以孤身踏雪寻梅，去和林隐士对话，李清照或许也有着隐士的心。

只是，雪还没来，临安就乱了。李清照在金兵北风一样呼啸的鼓噪里，无奈地向南方更深的地方走去。她人生的苦难，又多了这样一番周折。好在兵匪都远，她多了一些从容。

富春江是钱塘江的一段。南朝梁人吴均，很早就这样描述说："自富阳至桐庐一百许里，奇山异水，天下独绝。"

百里富春江，就是这百里画廊，绿水如碧，青山如黛，任谁身临其境，都会如痴如醉。元代大画家黄公望，倾尽心中最美的山水颜色，以多年之心血，画下了《富春山居图》。然而，这幅被誉为"画中兰亭序"的传世名画，却因江南收藏家吴洪裕欲"焚画殉葬"，在炉火中损为两截。

断山是痛，残水是殇，于是一半叫作《剩山图》，一半叫作《无用师卷》。

如今，这画，前半卷收藏在浙江省博物馆，后半卷被台北故宫博物院收藏。如此两两相分，让长长的海峡成了又一种撕裂。

历史远方的痛，又成今天的殇，着实让人感叹。其实，在亿万人的心中，那画都该合二为一。再说，那本来就是一幅画。无论如何，残缺的美，都是一种疼痛。

1999年，三十多位海峡两岸的著名画家，齐聚富春江边，共画新的《富春山居图》，同说圆满心声。2011年，在无数人的努力下，两幅残画终于合璧，于台北故宫博物院共同展出。只是这短短的圆满，再次撕裂，长长的海峡，涛声依旧。

无数人在心底悄悄地问，隔了滔滔海浪的祖国山水，何时可以合二为一，让民族不再有痛，让国家不再有殇？

第十章　连天衰草，望断归来路

长天碧水，归鸿声声叹。

富春江的景色四季如画，每一个时刻到达，都是美不胜收。李清照到达的时候，也被深深吸引了，然而，她却没有欢喜，她想到了北方。那里的景色才是山水可亲。

问君能有几多愁，恰似一江春水向东流……

李清照没动诗词之心，却再次想起李煜的词。她，却不喜欢这个同姓的皇帝词人。有家国之叹，更应该有家国之骨。确实，李煜一辈子先叹自我，后叹家国，可从来没有慷慨激昂地说过一句山崩地裂的话。

哭哭啼啼的男人，做个臣民都不够格，何以做君王？

江山崩溃，让李清照越来越感觉到，这其实是人心的崩溃，一颗颗追名逐利的心，乱了天下清明。

巨舰只缘因利往，扁舟亦是为名来。
往来有愧先生德，特地通宵过钓台。
——《钓台·夜发严滩》

这诗，虽然不是语句如雷如电，却更让人思量。如果李清照的《夏日绝句》是向天的呐喊，那这一首，则是她向地的品悟。这，也许是乌江和富春江的区别。

钓台，是东汉隐士严光的钓台。他，是一个不慕虚荣、不贪富贵的男人。任凭光武帝如何劝说，他还是转身离开，退居富春江边，一人一竿，不问风雨。严光垂钓的地方，就是这钓台。

钓台，李清照心中的圣地，她觉得自己红尘心太重，是无颜与先贤相见的，所以，她选择用夜色遮住脸面，乘着小船悄悄驶过。

有多少惶恐，是因为敬仰？有多少躲避，是因为有愧？其实，还是因为自己有一颗正直的心。

李清照沿着这江流亡命远方，却从来不舍美德，可此刻为何不发家国之志，而是有了归隐之叹呢？

她，真的看透了，看透了那个朝廷，看透了那个王。复国，不过是一个谎言，不必纠结了，不如就此归去，选一个天偏地偏的地方，举手投足间，不再呼什么家仇国恨。红尘就是一江水啊，入闲心为青绿，入愁心为波涛。

李清照也想在那江边一坐，看别人船来船往忙忙碌碌，而她，一人一竿，慢慢入禅，不说身前，不问身后。

可哪里是她无欲无念的钓台呢？

想那林逋算是古今有名的大隐士了，说好的那超脱，说好的那无尘，大半生孤在孤山，不说不问，却哪知道竟然是放不下，纠结成结，至死难了，在那墓里深藏。情感的结，竟然成了大隐士的死结。

说好放下，谁能真正放下？不是谁都有那份享受富春江的福气。

残云满天，斜阳更斜，那风声鹤唳的当下，李清照有些迷茫……

3. 江山留与后人愁

没有什么地方真正风烟俱净，红尘不仅仅在身边，向远再向远，都是人世的凡间。当然，在那里和去那里，会有不同的感受，对世界的认知会深浅不同，重要的是取决于内心。风景，风景，风景的美与丑，心中的风有决定性的意义。

绍兴四年（1134）九月，李清照来到了金华。

金华，并不是想象中的遥远，路程，也并不是预想中的那么艰难。当李清照到达这座城的时候，感觉每一处都相当妥帖。

本想寻一个避难之所，不想却成了一个休闲之地。这里，是李清照自南以来，心情回归到最好时候的城市。

其实这一次南行，李清照并不是草率决定，而是早有谋划，为了投奔李擢而来。

李擢，赵明诚的妹夫，时任婺州（今浙江金华）知州。说来汴梁被破，他也是一个罪人。当时金兵犯城，李擢率三万甲兵，负责南城墙的防务。大敌当前，他本应打起精神加强巡防，却每日于城头之上，和手下几个亲信喝酒品茶，唱歌弹琴，眼见金兵在城下壕沟上，铺成一道道木板桥，他却坐视不管。

如此国家罪人，却依然能任职一方，足见南宋实在没人可用。

以李清照的品性，这样的人定会在她的怒骂之列，如今却是跋涉几百里地来投靠，也出于无奈。真的，在那么纷乱的时期，有功的被弃之一旁，加了罪；有过的，却稳坐衙堂，晋了爵。想找一个毫无瑕疵的人来依靠，几乎是不可能。

人性，在生死的硝烟里，几熏几烤，白璧无瑕的人实在少之又少。

李清照初到金华，寄居于一陈姓人家。据说，那宅院藏在深深的酒坊巷子。既然叫酒坊，大约与酒是有缘的。于是，也就勾起了李清照的酒兴。

是的，她已经好长时间没有喝酒了。想想一路江南山水，

第十章 连天衰草，望断归来路

除了惊慌，就是悲伤，除了痛苦，就是忧愁，哪里能值得她坐下来喝一杯呢？也许偶然会喝一口，可那匆匆的一杯，都是五味杂陈，哪还有什么酒香？

远离刀兵之声的金华，是宁静的，是宽泛的，李清照正好静静地坐下来。一杯，只一杯，那扑鼻酒香，忽然就让她念起了青州那时，汴京那时。多少年了，没有过这样的醇正的味道了。再一杯，酒助性情，李清照在陈家大嫂的鼓动下，玩起了打马。打马，一种赌博游戏。

在江南，李清照第一次露出笑脸，自然而舒心的笑脸。

酒与赌，重回李清照的性情之中。

才女之才，多说的是琴棋书画，而大才女李清照，却还是赌博的天才，并且深深痴迷其中。她的痴迷源于自己技艺的精妙绝伦，据说她赌了一辈子，鲜有对手，可以说从来没有输过。

"予性喜博，凡所谓博者皆耽之，昼夜每忘寝食。且平生多寡未尝不进者何？精而已。"

李清照这话说得清清楚楚，她不仅赌技样样通，而且还样样精，实在是一代女赌王。

金华的悠闲，让李清照放任自己，短短的时间里，她赌名远播，一些自认为赌技不凡的人，纷纷慕名而来。李清照连战连捷，那些游乐的人一个个败走之后，她看着眼前堆积的赌物，兴致更盛了。于是，她以酒为墨，撰写了一卷《打马图经》，书中有序《打马图序》、有赋《打马赋》、有图、有例、有序。

这文字写在这年的十二月，有一种年底经验总结的味道。

……

按打马世有二种：一种一将十马者，谓之"关西马"；一种无将二十马者，谓之"依经马"。流行既久，各有图经凡例可考；行移赏罚，互有同异。又宣和间，人取二种马，参杂加减，大约交加侥幸，古意尽矣。所谓"宣和马"者是也。

……

从李清照这《打马图序》中看出，她的《打马图经》，是对打马赌技的传承和规整，以及博乐心得的细述。

赌王的经验之谈，技艺之说，那一定让同道中人爱不释手，争相传阅。

赌，今天我们谈之色变，但李清照却写下了一篇历史上鲜见的写博弈游戏的美文。她的《打马赋》引经据典，妙论频出，于打马之乐中，纵论爱国之事，以古喻今，斥金寇，

第十章 连天衰草，望断归来路

说昏君，骂庸臣。文字最后却又妙笔一转，说作为五十老妪的自己，愿纵马山河，随壮士们重复中原。

小博有乐，如李清照孩提时的斗草，如她与赵明诚的"赌书泼茶"，中博是博财博运博仕途，大博则有博天博地博山河。人生，其实无处不是博，只是博之有道，便能进退自如。

博是一种器，人是博之主，博一生，不是做那无头苍蝇的赌徒。不博者，平庸，无技者，一败涂地。

金华，酒与赌中的李清照，谁说她只是沉溺于虚欢浮醉之中？一颗词人的心从来没有委顿过，她以各种方式呐喊，等待一群热血的人来响应。

谁来响应呢？秦桧已经重回朝廷，赵构似乎对他更加言听计从了。而那个热血奔疆场的岳飞，却已经一腔热血空自流。

想那个喜欢玩乐的李擢，也一定欢天喜地，拿起这篇《打马赋》来看，可看着看着，脸色一定就变了，因为他从中看出了对自己的谩骂。他恼怒地将文章使劲扔出门外，可一阵风吹来，那纸张恰恰蒙在了他的脸上。

丑陋需要遮挡，而遮挡更加丑陋。无论何时，还是以真面目示人吧，或许还会让自己在羞愧中悔过自新。

写完《打马赋》的李清照，似乎也唤醒了自己，她觉得沉迷于酒与赌中太久了，那狼藉的心情需要一份山河的亲近。很多时候，只有山河才能让自己重回山河。

她决定登高一望。

八咏楼，是一座历史悠久的古老建筑，据说始建于南朝齐隆昌元年（494）。这座原名玄畅楼的重檐楼阁，在岁月的疾风狂雨中，虽然历经几毁几损的磨难，但至今依然屹立在金华市东南的一隅。

诗，最能直抒胸臆。站在八咏楼上的李清照，再次以诗抒怀。

千古风流八咏楼，江山留与后人愁。
水通南国三千里，气压江城十四州。

——《题八咏楼》

登上这高高的千古名楼，临风释怀，把忧伤忘却，把国愁放下，一切都交给后人吧。

这楼并不高，楼前的石阶也只有百级，可李清照登顶之后，感觉自己是有些老了，一切都已经力不从心，于是发出了把家国情怀放下的感叹。

第十章 连天衰草,望断归来路

这本是一首极有气势的诗,甚至比《夏日绝句》更显大气磅礴,然而这一叹,却似乎是多了点格调。

其实,这不是她对自己的失望,而是对朝廷的失望。然而,后两句却一下子调门高了起来。这一抑一扬,恰恰将李清照心中的不甘,淋漓尽致地展现出来了。

放下,怎么可以?苟且于江南怎么可以?以三千里之势,以十四州之勇,博,终会赢天下。

这是一首滴着血的爱国诗。

登高望远,她望到的是家乡,是被异邦踩躏的那片山河。

想到家乡,就忧伤起来了,再者,李清照手中仅存的一点藏品,在这里又被盗去了不少,她就这样困顿地守在家里,为此也错过了那个春天。

风住尘香花已尽,日晚倦梳头。物是人非事事休,欲语泪先流。

闻说双溪春尚好,也拟泛轻舟。只恐双溪舴艋舟,载不动许多愁。

——《武陵春·春晚》

暮春时节,随着花儿落尽,心情越来越糟。听说双溪景色很不错，去那里划一划小船调节一下情绪吧。这是朋友的建议。

船？这让李清照一下子想起了北方，想起渐起的暮色里，她那误入藕花的船。

双溪，因两水汇聚而得名，是一处游玩的好地方。对于李清照来说，这双溪是金华的双溪，那些舴艋舟，却也只是金华的舴艋舟，又怎么能给她带来快乐呢？只怕一晃一摇都是忧愁了，是那小小的船载不动的乡愁，是那小小的船载不动的国愁。

那溪亭呢？那藕花呢？那沙鸥呢？

最是这睹物伤情，一念天地远，一念泪潇潇……

4. 风住尘香花已尽

酒与赌，那是恶毒的狼烟，迷恋于这里，是可怜的人间。

李清照的确是个中高手，她，能收放自如。人生嶙峋，时光参差，她觉得金华是她的底线。初到这城的那份欢乐，渐渐成了难解的寂寞。这种自我的迷醉，哪能消解心头的块垒？

第十章　连天衰草，望断归来路

不去踏春，春有何暖？不去看花，花有何欢？

就在李清照于落花深处写下《武陵春·春晚》的时候，一个男人读懂了她，也就远远地写词响应。

白鸥欲下，金鱼不去，圆叶低开蕙帐。轻风冷露夜深时，独自个、凌波直上。

幽阑共晚，明珰难寄，尘世教谁将傍。会寻织女趁灵槎，泛旧路、银河万丈。

——朱敦儒《鹊桥仙·和李易安金鱼池莲》

朱敦儒北方男人，一个慨叹着"中原乱，簪缨散，几时收？"的主战派，被朝廷废弃在寒山冷水之间。他感叹着她的异乡寂寞、清愁和一颗不愿蒙尘的心。这，也是他感叹自己沉在无底的清冷之中，仍是豪情万丈。

就是这样一个爱国的洛阳汉子，最后还是被岁月磨蚀了所有的光芒，慢慢在荒草连绵的文字中老去，所有的颓废，只因回不了故乡。

回不了故乡，毕竟是可以向故乡的方向迈进几步的。

一只舴艋舟，让李清照彻底醒来，她稍作盘桓，于绍兴五年（1135）这个秋天，回到了临安。

临安，更向北一些，这里是一城江南的景致，却是满城的北方味道，大街小巷里，摩肩接踵的都是乡音。那亲切的山东腔调，那熟悉的河南口音，还有那左右各地的北方土话，会让李清照恍然有在汴梁的感觉。更何况，宋高宗赵构毕竟也在这里，尽管他心无大志，可是有皇帝的地方，终究是可以寄托一些幻想的。

"四方之民，云集两浙百倍于常"，那些围拢而来的万千民众，何不是同一个幻想？

幻想，终究是幻想，李清照一直默默等待，可始终没有听到赵构的一声高歌。

一地阳光凉了，其实，这城中何尝有过阳光？李清照心情渐渐黯然，黯然成了那风不去雨不来的日常。

街巷里有酒家，那是北方人的酒家，那里人来人往。卖酒的站着，是北方人；买酒的坐着，也是北方人。喝酒的人醉了，卖酒的人醉了。酒，让他们想家，也让他们忘家。一壶酒，让他们笑，更让他们哭。那夜里冷冷的长街上，常有人抱了那酒壶睡，早晨踉跄地起身，又去打一壶酒。

那清清爽爽的茶社里，人烟稀少。酒，让北方人大开大合；茶，是南方人的青山绿水。那青山绿水的茶香里，淹没了多少北宋北方人那大开大合的酒魂？

第十章　连天衰草，望断归来路

李清照原本是一个亦茶亦酒的人，可她在这里，更偏向于酒了，她在酒里写北方，写那向北的归心。她，已经没了品茶的心。天下离乱，哪里可以品茶？其实，她在南方的酒也是淡了的，那种慵懒的醉里，一句"知否，知否，应是绿肥红瘦"的心境已经没有了。季节已至，那北方的海棠是她欲说还休的情怀，而南方的海棠，却再也不说话。

绿肥红瘦也分南方，江南的山水里，她瘦了那女子的心，肥了的是男人的志。

芳草池塘，绿阴庭院，晚晴寒透窗纱。玉钩金锁，管是客来吵。寂寞尊前席上，唯愁海角天涯。能留否？酴醾落尽，犹赖有梨花。

当年曾胜赏，生香熏袖，活火分茶。极目犹龙骄马，流水轻车。不怕风狂雨骤，恰才称，煮酒笺花。如今也，不成怀抱，得似旧时那？

——《转调满庭芳·芳草池塘》

《满庭芳》，多美的词牌，李清照却偏偏要用转调来写，这是多深的用心和苦楚？苦楚是那一切都不是从前。这从前，自然说的是北方的从前。

从前？从前已经多么遥远了。一年又一年，南宋与金兵也常有刀兵相见，可宋高宗赵构和他几位从臣的心，一直在求和的路上奔波着。汴梁的从前，那将是永远的从前了。

无志可抒，李清照也渐渐淡了酒。酒薄茶薄，素衣素妆的她，走过西湖那长长的苏堤。

诗名满天下的西湖，与这才冠古今的她，的确是极相宜的，更何况那苏堤的柳，还是她的老前辈苏轼栽种下的。可是，李清照的脚步从不肯在这里留恋，她的情思也没为此泛起过涟漪。

西湖，不在她的欢里，也不在她的叹里。

水边出生，水边成长，北方的水才是她的欢，江南的水一脉一汪都不相宜。乌江的浪，让她生怒；绍兴的水，让她生恨；富春江的水，让她生愧；而金华的双溪水，让她不忍相看。

怯看西湖，是因为心中有水啊，那一脉北方的泉水，日夜涌流。她与西湖，是错的岁月里错的相逢。

南方的水，含情脉脉。自古多情伤别离。的确，西湖就是一汪深深的情殇之水。那了断了许仙和白娘子爱情的雷峰塔在这里，梁山伯与祝英台的魂蝶翻飞在这里，苏小小情郎

第十章 连天衰草,望断归来路

的青骢马走失在这里……

那多伤,那多痛,在西湖。

如今,李清照的家国梦也遗失在这里,这是更深刻的疼痛。为了隐藏这种疼痛,她退在了深深的市井街巷里,成一个"素色无香"的老妇,肩也扛米袋,手也提竹篮。一个人,一处院落,一灶炉火,偶尔翻一翻寥寥无几的书帖和画卷,这就是她六十岁后的样子,日子清寒但宁静。

她,已经不在江湖,可江湖依然都是她的传说。这期间曾慥《乐府雅集》三卷编成,将李清照的二十三首收入其中。胡仔也在他的《苕溪渔隐丛话》里,对李清照称赞有加,"近时妇人能文词,如李易安,颇多佳句"。

更多的人,却是对李清照再嫁一事,喋喋不休,在各种文章和书卷,以各种腔调冷嘲热讽,甚至赤裸裸地指责、谩骂。

这些,李清照都充耳不闻。

南宋的思想氛围,对女人越来越苛刻。那个有才的唐婉,不就是被以不能生育为借口,无奈与表哥陆游分手,最后咯血而叹"难,难,难!"

李清照一生也没能开枝散叶,却没被逼上绝路,算是幸运。当然,作为女子,没有孩子,那是一种遗憾。岁至晚年的时候,她也越来越喜欢孩子了。

绍兴二十五年(1155),李清照竟然主动登门,为邻居家的双胞胎儿子撰写生日帖。虽很久没有动过笔墨了,她的文辞却让喜宴的众人大加赞赏。

这,唤醒了李清照那颗沉睡了许久的文艺之心。当新来的孙氏邻居家的那个小女孩,蹦蹦跳跳走过她眼前的时候,那聪明伶俐的样子,让她想起了小时候的自己。她拉住那只泉水一样丝滑的小手,说道:"孩子,我愿意把我一辈子所学都教给你。"

"才藻非女子事也!"

随着小女孩的手从她的掌中迅速抽离,李清照感觉自己的一切也就此被抽离,她半弯着腰身,怔在了那里。一生写爱,却是家破人亡;半生写国,不曾有益于半寸江山。她,真的不知道用什么言辞,来回答。

她,彻底放下了笔墨,再无言说于这个世界,默默走向自己的归处。

归处,何处是她的归处呢?李清照岁至七十三岁,再不见了影踪。

江湖上传言,江苏扬州有李清照的墓。如此不南不北的地方,李清照怎么会葬在这里呢?

第十章　连天衰草，望断归来路

在北方乡俗里，有这样的俚语：七十三、八十四，阎王不叫自己去。这是孔子与孟子离世的年纪，百姓便以此为人生的两大劫数。

绍兴二十六年（1156），或许那年的李清照，预感自己将不久于人世，于是，她决定归去。她，是沿了运河而来，也决定沿了运河归去。当到达扬州的时候，却再也无力向前迈出一步。

"望望不可道，行行何屈盘。"欧阳修这两句诗是写山中的行走，以此来描述李清照回归的路却也极其贴切。其实，去想想她的人生，何尝不是如此？

嗟叹李清照的人生时，看一看天空吧，那颗行星上有以她命名的环形山，没有归处，已有归处。她，就是那水身水命水魂的那颗星。

依水而生，归水而去……